安顺学院教育学学科建设资金资助出版

特殊儿童教育背景下
玩教具设计与制作

冉娜娜◎著

吉林出版集团股份有限公司
全国百佳图书出版单位

图书在版编目（CIP）数据

特殊儿童教育背景下玩教具设计与制作 / 冉娜娜著
. -- 长春：吉林出版集团股份有限公司，2024.8
ISBN 978-7-5731-5065-3

Ⅰ.①特… Ⅱ.①冉… Ⅲ.①儿童教育－特殊教育－
自制玩具②儿童教育－特殊教育－自制教具 Ⅳ.①G76

中国国家版本馆CIP数据核字（2024）第109645号

TESHU ERTONG JIAOYU BEIJING XIA WAN-JIAOJU SHEJI YU ZHIZUO

特殊儿童教育背景下玩教具设计与制作

著　　者	冉娜娜
责任编辑	于　欢
装帧设计	清　风

出　　版	吉林出版集团股份有限公司
发　　行	吉林出版集团社科图书有限公司
地　　址	吉林省长春市南关区福祉大路5788号　邮编：130118
印　　刷	唐山富达印务有限公司
电　　话	0431-81629711（总编办）
抖 音 号	吉林出版集团社科图书有限公司 37009026326

开　　本	710 mm×1000 mm　1 / 16
印　　张	18.5
字　　数	270 千字
版　　次	2024 年 8 月第 1 版
印　　次	2024 年 8 月第 1 次印刷

书　　号	ISBN 978-7-5731-5065-3
定　　价	88.00 元

如有印装质量问题，请与市场营销中心联系调换。0431-81629729

前　言

在融合教育理念盛行的当下，学前特殊儿童的安置形式主要有两种：一是在普通幼儿园随班就读；二是在特殊幼儿园随班就读。《幼儿园教育指导纲要（试行）》要求，幼儿园教育应尊重幼儿身心发展的规律和学习特点，以游戏为基本活动。爱玩游戏是幼儿的天性，玩具则是他们亲密的伙伴。在学前儿童教育活动中，我们应当赋予玩具以教育意义，增加玩教具的趣味性。虽然玩教具是以教师制作为主，但是儿童参与玩教具的制作过程、与玩教具互动同样具有重要意义，这也是学前教育培养儿童综合素养的重要途径。

当前对普通儿童的玩教具设计与制作的研究已经很多了，但是关于特殊儿童玩教具制作的研究却特别少。本书从如何更好地帮助特殊儿童融入普通班级的角度，为一线的教师和特殊儿童的家长提供一些玩教具制作的参考内容。特殊儿童玩教具是为了促进有特殊需求的学前儿童身体、智力和情感等方面的发展而设计制作的一类特殊教具。这些儿童往往因为孤独症、脑瘫、智力缺陷等原因，需要更有个性化的教育和关爱。手工自制玩具可以为他们提供更好的学习和游戏环境，有效帮助他们进行身体控制、认知发展、情感解决等方面的训练。

本书对不同材料制作不同类型的玩教具提供了步骤详解，适用于学前教育教师、特殊教育教师、家长、相关专业师范生及手工爱好者，感谢安顺学院教育学院20级特殊教育专业的学生，尤其是代进、熊贤梅同学，他们帮助完成了本书展示出的大部分玩教具作品，并进行图片拍摄整理，在此深表感谢！

本书涵盖了幼儿园及学前儿童玩教具的诸多方面，在撰写本书的过程中，主要从学术研究的角度，不同程度地引用了众多玩教具的案例和素材，在此向原作者、创作者、设计者表示衷心的感谢！由于作者水平有限，本书定会存在疏漏及不足之处，恳请专家批评指正。

安顺学院　冉娜娜

2023年12月

目录
CONTENTS

第一章　特殊儿童玩教具概述

玩教具是指结合游戏和教育的工具，旨在通过使用玩教具激发儿童学习兴趣并提升学习效果。玩教具包括但不限于电子游戏、拼图、积木等多种形式，而手工自制玩教具是幼儿园教学中非常重要的一个部分。

玩教具能够帮助儿童在轻松愉快的氛围中探索新知识，培养儿童创造力，提高儿童解决问题的能力。同时，它也可以在寓教于乐的过程中增进儿童与家长或老师之间的交流，促进家庭和谐以及提升班级凝聚力。

对于教育者来说，玩教具也是一种有效的辅助工具。它们能够让老师更好地引导儿童掌握学科知识，更容易测量和评估儿童对知识的理解程度，并且有利于落实多元化评价策略。

总之，玩教具既有趣味性又有教育价值，在现代教育中发挥了不可替代的作用。

第一节　玩教具的概念

一、玩具的概念

玩具，即用于"玩"的器具，是指儿童游戏时用到的物品或器械。爱玩是儿童的天性，触摸和发现身边物品的可玩性也是每个儿童成长的过程。对于幼儿来说，他们可能把手边可及的每一样东西都变成可玩的玩具，同时，同一种玩具对于不同的儿童来说意义也会有所不同。

二、教具的概念

教具，主要是指在教学时，教师用来讲解某事或某物时，为儿童提供的模型、实物和图片等感知材料，主要用于辅助教学。这些辅助材料，一部分来自教材的配套用具，更多的是来自教师根据教学活动和游戏的需要自制的各种玩教具。对于幼儿来说，教具必须是可以玩的、看的、听的和触摸的玩具。

教育心理学的研究成果表明，儿童在形成知识的最初阶段，必须借助感觉，先把对具体事物的观察和接触转化成与具体事物无关的感性认识，再把感性认识转化成为抽象、概括的理性认识。

在以形象思维为主要思维方式的特殊儿童中，建立概念仅仅依靠老师讲述是不行的，很多看不见、摸不着的东西都要借助一些具体直观的教具把它们演示出来。

三、玩教具的概念

所谓玩教具，是指在学前教育活动中，学龄前儿童在游戏和学习活动中使用的玩具教具，即在玩耍过程中用来教育儿童的工具。它是借助一定的物质材料（如纸、布、塑料、木材、金属等），按照一定的设计要求，通过手工或工业制作完成，形成视觉平面或立体的形式，它是集游戏、娱乐、教育功能于一体，适合学龄前儿童年龄和身心发育规律的游戏工具。在幼儿的教育过程中，玩教具是幼儿园教育重要的学习资源，对幼儿的发展具有特别重要的作用。通过使用玩教具，幼儿可以进行操作性学习，获得更多的感性认识，可以直观感知并发现问题，并能够开展创造性学习，同时使用玩教具也是培养幼儿创新意识、实践能力的重要途径。玩教具不仅是学前教育过程中儿童游戏活动的工具，而且也是幼儿游戏活动的支柱，更是幼儿交往、合作性学习的物质条件。因此，合理地利用玩教具，有助于幼儿学会生活、学会学习、学会合作，有利于幼儿的终身发展。

第二节　玩教具的分类

一、普通玩教具的分类

玩教具可根据来源、生产方式、制作者、制作材料、用途、教育或游戏功能等方面进行分类。根据来源可分为民间传统玩教具和现代玩教具；根据生产方式可分为手工自制玩教具和商品玩教具（工业成品玩教具）；手工自制玩教具根据制作者的不同可分为成人制作的玩教具和学前儿童制作的玩教具；根据制作材料的不同可分为纸制玩教具、生活材料制玩教具、木制玩教具、布绳制玩教具、泥制玩教具等；根据用途不同可分为智力玩教具、表演玩教具、科教玩教具、音乐玩教具、娱乐玩教具、形象玩教具、体育玩教具等；根据教育或游戏功能可分为认知益智类玩教具、角色游戏类玩教具、体育操作类玩教具、语言科学类玩教具等。认知益智类玩教具包括拼图、棋子、计算器、乐器等，主要功能是帮助学前儿童认知世界，开发智力；角色游戏类玩教具包括角色表演中的头饰、面具、布娃娃、过家家游戏中的听诊器、小推车等，主要是学前儿童在模仿社会活动和学习生活技巧时使用的道具；体育操作类玩教具包括沙包、沙袋、飞环、纸球、串珠、积木、插塑玩具等，主要功能是培养学前儿童手眼和身体的协调能力；语言科学类玩教具包括故事图卡、画板、万花筒、动植物标本等，主要功能是促进学前儿童语言发展，满足或激发儿童对各种事物的好奇心，让孩子对各种事物进行观察、分析、收集资料。

二、学前融合教育中玩教具的类型

（一）根据玩教具的功能来分类

根据玩教具具有的功能，可以把学前融合教育环境下的玩教具分为三种类型：第一种是具有特殊训练功能的玩教具；第二种是具有心理治疗功能的玩教具；第三种是通用型的玩教具。

1．具有特殊训练功能的玩教具，主要包括各类残疾儿童使用的辅助类器具，如听觉及沟通辅助类器具、视觉辅助类器具、肢体运动辅助类器具等。常见的听觉及沟通辅助类的玩教具有盲文积木、手语积木等；视觉辅助类的有图片交换沟通系统、视觉提示、图示分解人物等；肢体辅助类常见的有各种训练大动作和精细动作能力的玩教具，比如趣味平衡板、手偶、折纸等，既有趣味性，又能提升特殊儿童和学前儿童的创造力。

2．具有心理治疗功能的玩教具，如经典的沙盘游戏、动力棋、情绪宣泄设备等。

3．通用型的玩教具，是指特殊儿童和学前儿童都适合的玩教具，即本书所指的玩教具类型。

（二）根据玩教具与环境的互动性来分类

根据与环境的互动性分类，玩教具可分为单独玩教具和互动性玩教具。

1．单独玩教具，是幼儿可单独玩耍的玩教具，无须与他人合作或互动。

2．互动性玩教具，是需要他人参与才能进行游戏的玩教具，如跷跷板、五子棋等。互动性玩教具对提升特殊儿童的社交能力、语言表达能力等更有帮助作用。

第二章　特殊儿童玩教具的制作

第一节　自制玩教具的意义

一、教师自制玩教具的意义

由于幼儿的语言能力、抽象思维能力与逻辑思维能力都不发达，玩教具的制作与应用在幼儿园的教育教学过程中则显得尤为重要。2016年，教育部颁发的《幼儿园工作规程》第三十六条规定："幼儿园应当因地制宜，就地取材，自制玩教具。"

自制玩教具是相对于在商场购买的大规模生产的商品化的玩教具而言的。幼儿园制作的玩教具应当贴近学前儿童的生活，使幼儿在操作玩教具及学习的过程中，能够轻松愉快地表达情感、树立自信心、积累生活经验。

机械玩具、电动玩具、电子数码教具铺天盖地，但是这样的玩教具在满足家长和学前儿童使用方便的同时往往也会产生负面影响：一方面，教学一线教师的自制玩教具的实践空间逐渐缩小了；另一方面，这样的玩教具束缚了幼儿的创造力，剥夺了幼儿动手动脑的能力，进而阻碍幼儿的智力、协调能力的综合发展。

对于幼儿教育来说，自制玩教具要遵循幼儿发展的客观规律，为幼儿提供良好的发展条件和教育。因地制宜、就地取材，为幼儿制作玩教具是当前我国教育普遍采用的方式。学前儿童自制玩教具并不在于制作材料价格的高低，而是要有利于幼儿的早期教育和智力开发。自制的玩教具具有诸多优势。

1. 自制玩教具的灵活性增加了教学活动的趣味

在教学活动中，教师可以根据教学活动的实际需要及时进行创作，并且可以在教学实践中不断完善。

2. 自制玩教具可以促进幼儿身心全面发展

幼儿在教师的引导下参与玩教具的制作，不仅可以让幼儿在制作与玩的过程中，丰富其感性认识，锻炼其肢体和手部肌肉群以及手眼的协调能力，而且还能培养幼儿的想象能力。同时，还有利于幼儿养成珍惜玩具、热爱劳动成果的好习惯。

3. 自制玩教具有助于教师的自我成长

制作适宜幼儿的玩教具是幼儿教师重要的专业技能。教师在制作、使用玩教具的过程中，能够带着钻研的态度去研究玩教具，并能够充分发挥玩教具的教学潜能，不断丰富完善玩教具的教育价值，教师的职业能力也能随之提升。

4. 自制玩教具既节能又环保

自制玩教具可以因地制宜地选用身边的废旧物品，材料简单易得；还可以有效利用自然材料，既节约资源又减少污染。

二、自制玩教具对于所有儿童的意义

1. 提升儿童的动手能力和创造力

在手工制作过程中，儿童需要动手实践，不断思考如何设计、组合材料等，这样可以锻炼儿童的动手能力并培养其创造力。

2. 培养团队合作精神

在手工制作过程中，儿童需要分工协作，互相配合完成任务，从而培养他们的团队精神。

3. 增强语言和社交技能

在手工制作过程中，儿童需要与小组的成员或家长、老师沟通和交流，还要分享自己的想法，从而增强儿童的语言和社交技能。

4. 促进亲子关系

手工制作玩教具是一项很好的家庭手工活动，父母和儿童可以一起参与其中，在这个过程中可以增进彼此之间的理解和交流。

总之，制作玩教具是一项非常有意义的活动，它能够帮助儿童全面发展，同时也增进了亲子关系和培养了团队协作精神。

三、特殊儿童自制玩教具的意义

特殊儿童在身体、智力、情感、语言等方面存在着不同程度的发展问题，因此，手工自制玩教具对于特殊儿童的意义更加突出：

1. 促进身体运动和感觉统合能力

特殊儿童往往存在着身体肌肉发育不良或者感觉统合能力差的问题，自制玩教具可以让他们通过动手实践来锻炼自己的肌肉和感官系统。

2. 提升认知能力和掌握学科知识

特殊儿童可能存在认知方面的障碍，通过自制玩教具，可以帮助他们更直观地理解周围环境和事物，并且增强他们的记忆力和注意力。

3. 培养创造力和想象力

特殊儿童有时候会因为沉迷于某些事物而忽视其他方面的发展，通过自制玩教具可以让他们尝试去想象、创建、改造属于自己的玩具，从而培养他们的创造性思维。

4. 改善心理状态和培养社交能力

特殊儿童往往因为身体或者认知发展的问题而缺乏自信心，通过手工制作玩教具可以让他们看到自己的劳动成果和变化，增强内心的满足感，也有助于他们更加积极地参与社交活动。

总之，特殊儿童自制玩教具具有多重意义，不仅可以促进特殊儿童各方面能力的发展，而且还可以提高他们的自信心和社交能力。

四、玩教具在融合教育中的独特作用

玩教具作为儿童游戏和学习的主要中介物，在学前融合教育中发挥着重要作用。首先，玩教具的合理使用可以促进特殊儿童在游戏中获得综合性、整体性的发展。幼儿通过玩教具进行操作性学习，类型各异的玩教具可使幼儿在游戏中获得丰富经验，满足个体不同的发展需要，培养幼儿的创新意识和实践能力。同时，玩教具是幼儿教师开展合作学习活动的物质条件，可以促进特殊儿童融入集体。

其次，玩教具能帮助幼儿教师更有效地组织教学。通过阅读某些绘本，教师可以引导幼儿正确看待患有唐氏综合征的儿童，辅助开展融合教育。由于当前幼儿教师普遍缺少融合教育的理论和技能，面对班上的特殊儿童，他们往往采用普通教育方式，效果可想而知；而经过设计的、专门适用于特殊儿童或融合课堂的玩教具，可成为教师践行融合教育的有力助手。

最后，个性化玩教具的应用有利于提升学前融合教育质量。在学前融合教育环境中，应提高普通儿童保教的质量标准，满足特殊儿童及其家庭的需要。个别化实践和支持是学前融合教育有效实施的关键因素。提供适用于特殊儿童的玩教具，是个别化教育计划的实践载体。

第二节　自制玩教具的基本原则

每个特殊儿童都有不同的特性，不同类型的个案所适用的教具大不相同，但是在制作上都有其共同遵循的原则：

一、安全性

在教学活动中，保障安全是幼教机构教育活动中的重要内容。在具体教学中，在室内、户外进行的各种活动中，安全使用玩具已成为教学活动中的主要任务之一，无论是商品玩具，还是幼儿园教师制作的玩教具，都应安全无毒无味、无尖锐棱角、便于清洗消毒。幼儿缺乏生活经验，自我保护能力不强，保障玩教具使用的安全是自制玩教具必须遵循的首要原则。

制作玩教具若没有考虑安全性，则再有趣的玩教具也没有意义。例如：过塑后的字卡有尖锐的角，若制作完毕没有加以修剪，则有割伤幼儿的可能。

二、教育性

玩教具的制作应当符合《幼儿园教育指导纲要（试行）》的基本精神，玩教具的制作初衷是为了配合幼儿园游戏活动的开展，应具有较强的实用性和教育辅助功能，不仅要能适应不同年龄段的幼儿操作，更重要的是在玩耍的过程中体现出玩教具的益智功能，帮助幼儿认知事物、了解生活自然规律，同时，要有利于激发儿童的活动热情，让幼儿积极主动地参与活动，促进不同年龄段幼儿身心的全面发展。

三、趣味性

学前儿童参与活动的最主要的动力之一就是活动有趣味性，同样，学前儿童关注玩教具也在于玩教具的趣味性。因此，玩教具在制作中应当形象生动、色彩鲜明、幽默夸张，要符合幼儿的年龄特点，符合幼儿的审美趣味，这样能够充分激发幼儿参与活动的兴趣，让幼儿在使用过程中感受到玩教具的趣味，让幼儿想玩、爱玩、百玩不厌，才能更好地体现玩教具的教育功能。

四、实用性

玩教具要具有实际用途，能够满足儿童们的日常学习需求和游戏需求。

五、创新性

自制的玩教具大多取材于身边的材料，利用简单的或者废旧的物品，做出不同的玩教具。例如，可以利用身边各种废弃物品的材质特征，也可以利用自然界植物枝叶的自然形状，形象性地做出不同的玩具，衍生出不同的玩法。这是极具创造性的活动，也是培养幼儿创造性思维与表达能力的重要途径。创新性是自制玩教具应遵循的最可贵的原则。

六、个别化差异性

依据特殊儿童个体差异，制作适合不同儿童的自制玩教具，同时也要考虑到周围环境、气氛等因素。

为视障个案所制作的玩教具便不同于听障个案的玩教具，即使同样是视障的个案，其适用的玩教具也可能因人而异。例如：同样是视障，有的个案较适合以听觉为导向的玩教具，有的又较适合以触觉为导向的玩教具，这不仅关乎儿童的接受程度，更关乎儿童的兴趣与优势。

七、可持续性

手工自制的玩教具应该更加经济环保，尽量减少浪费和对环境的污染。

八、多样化

根据不同儿童的需要，玩教具在形式、颜色、功能等方面应该多样化，应充分发挥儿童的想象力、创造力，激发儿童的兴趣。

九、使用的多元化

玩教具本身是不会说话的，如何活用玩教具，使用同一种玩教具变化教授不同的课程，甚至将多种玩教具进行搭配使用是一门学问。

幼儿园玩教具总的设计原则可以从不同角度加以概括，从达成幼儿园保教目的的角度，可概括为以下五条：

（1）实用：操作方便，材料经济、安全、耐用。

（2）创意：构思独特、新颖、精密。

（3）效能：能配合教育活动之所需，使教与学更生动、更有效。

（4）造型：造型生动、色彩活泼。

（5）参考资料与设计资料完备。

在手工自制特殊儿童玩教具时，需要考虑以上原则，并且根据实际情况进行个性化定制，以照顾特殊儿童的差异性，获得最好的教育和游戏效果。同时，教师也需要不断学习和改进，提高手工技能和创造力。

第三节　玩教具制作

一、手工玩教具的制作过程

自制玩教具的过程，实际上就是艺术创作的过程，在整个制作过程中，由于选用的材料和制作的难易程度不同，制作的环节会稍有不同，但是，它和创作艺术作品的过程一样，都需要构思、设计、制作的过程。一般情况下，手工自制玩教具大致要经过下面八个环节。

1. 立意。在制作玩教具之前要根据幼儿园教学活动的需要形成制作意图，这是一种目的明确的思维形式。针对特殊儿童的玩教具需要根据特殊儿童的需求和特点设计不同的玩教具。建议与医生、康复师等专业人士进行沟通，再参考特殊儿童的个别化教学计划，以确保玩教具的设计有效合理，能够让特殊儿童在玩的过程中达到一定的教学康复目标。

2. 构思。在头脑中，对制作的玩教具进行整体的构思，包括立意、选材、造型、色彩、功能等。

3. 搜集资料、设计。根据构思的内容搜集相关图片、图书资料，并选取有用的资源进行整合，形成基本的设计草图，制订清晰的制作方案。

4. 选材。材料的选用是顺利实现构思、制作玩教具的保障，要"因意选材"。选取的材料要符合安全卫生和可持续性的原则，符合玩教具的功能特点，符合幼儿不同年龄阶段和特殊儿童个别化和差异化的特点。

5. 制作。这是一个将构思设计转化为手工作品的过程，要"因材施艺"，不同的材料经过不同的制作方法，都会取得不同的艺术效果。

6. 安全处理。由于制作玩教具的过程中可能会出现很多锋利的材料和尖锐的边角，所以在安全处理方面一定要做足做细。建议将锋利物品打磨或者处理成圆形或平滑状，避免儿童在使用中受伤。

7. 装饰。制作的玩教具要让幼儿想玩、爱玩，就要对玩教具进行美化装饰，这样制作完成的玩教具不仅具有教育功能，还具有审美价值。

8. 改进。在玩教具制作完成以后，有可能会发现一些不尽如人意的地方，为了让幼儿更好地使用玩教具，进一步完善手工制作的玩教具，在制作完成的现有玩教具的基础上，可以总结经验，在下一个玩教具的制作过程中进行改进，使自制的玩教具更加科学。

总之，手工自制玩教具需要耐心和细致，尽可能地确保玩教具符合特定目的和需求。

二、为特殊儿童设计和制作玩教具的方向

为特殊儿童设计和制作玩教具可以从以下几个方面入手：

第一，依据特殊儿童的需求和特点进行设计。比如，对于视障儿童应该注重触觉和听觉的刺激，对于孤独症儿童要注意减少不必要的刺激和提高社交性等。

第二，注重玩教具的安全性，以避免儿童在使用过程中受伤。需要对锋利的地方或尖锐边角等地方进行安全处理，并使用无毒、环保材料等。

第三，难易程度要适度。不能让玩教具过于简单而没有趣味性，也不能让其太过复杂而使儿童无法理解。因此，制作时应考虑到特殊儿童的年龄和认知水平等因素。

第四，注意与家长或者康复师合作。了解特殊儿童的治疗进展和需求变化等情况，不断优化玩教具的设计，并且要及时得到反馈意见。

第五，融入教育元素或康复元素。除了玩乐性之外，为了帮助特殊儿童提高相关能力，在玩具设计时应该融入一些教育元素或康复元素，例如字母、数字、颜色等。而特殊儿童的康复及需要发展的能力主要包括粗大动作能力、精细动作能力、认知能力、视知觉能力、社会交往能力、问题行为矫正、语言能力、综合能力等。如果一个玩教具能够发展特殊儿童某一方面的能力，同时能引起特殊儿童玩乐的兴趣，那么它就是一个合格的玩教具，所以我们在设计玩教具或者设计手工课程的时候，也可以着重从这些方面进行思考和设计。

总之，为特殊儿童设计和制作玩教具时需要充分考虑到儿童的身心特点，并参考他们的个别化教学计划，而且要与专业人士合作进行相应的调整和改进。同时要注重安全性、趣味性和教育性的平衡。

三、不同类型特殊儿童制作玩教具的选择

儿童类别	制作方向	注意事项
智力障碍幼儿	发展动作模式、建立稳定动作逻辑、手部操作（精细动作）、认知益智、感官类的	耐用、简单、刺激丰富、操作性强、生活化
身体障碍幼儿	放松肌肉、提高运动协调性、加强手部操作、增强运动能力	简单、有趣、有强烈反馈
听力障碍幼儿	可发出声音刺激的（有残余听力的）、能提供经验和表征的、分类和排序的、利于合作的	
视力障碍幼儿	发展触觉和听觉	程序太多会丧失游戏动机
孤独症幼儿	促进社交沟通、学校及社会适应、遵守规则等	结构化

第三章 纸质玩教具的制作

纸质材料是我们在日常生活中非常常见且实用的一种材料，因为具有方便购买和携带、色彩丰富、类型多样等特点，所以它是制作儿童玩教具时经常使用的一种材料。纸质材料有不同的类型，如折纸、卡纸、牛皮纸、皱纹纸、餐巾纸等等，它们都可以用于制作纸质材料的玩教具。

第一节 手工折纸

手工折纸是一种传统的艺术和手工艺活动，也被称为折纸术。它可以将一张平面的纸张按照特定的方法、步骤折叠成各种形状和造型，例如动物、汽车、飞机、花朵等。手工折纸可以锻炼儿童的手部协调能力、空间感知能力和创造力。现代手工折纸不仅保留了传统技巧，还发展出更复杂的设计和技术，其中一些甚至需要计算机辅助设计来实现。手工折纸是一种很好的手工艺活动。非常适合特殊儿童参与，可以锻炼儿童的手部协调能力、空间感知能力和创造力。以下介绍一些简单的适合特殊儿童的手工折纸活动。

1. 简单的平面造型：例如，千纸鹤、星星或船等简单的造型可以吸引特殊儿童参与。这些造型容易折叠，并且可以用不同颜色和形状的纸张来制作，激发儿童的创造力。

2. 立体组合：立体折纸可以激发特殊儿童的空间想象力。例如，制作简单的盒子、立方体或其他简单几何体可以帮助儿童理解空间关系。

3. 模具封装：这种方法非常适合那些动手能力较差但喜欢手工艺术的特殊儿童。使用现成模具并将其拼合在一起，可以创造出美丽且令人愉悦的图片和图案。

折纸的过程也是游戏、学习的过程，同时，折纸作品可以作为儿童游戏的玩具和辅助教学的教具。不同类型的手工折纸可以满足不同特殊儿童的兴趣和能力水平。教师或家长可以根据特殊儿童的需求和兴趣来选择适当的手工折纸类型，并提供必要的支持和指导。

一、基本的折叠符号

（一）基本折线

1. 谷线或凹线：----------（图3-1-1）以这条线为界，将线两侧的纸向靠近身体的方向折，一般用等长的横线表示。

图3-1-1　谷线或凹线

2. 山线或凸线：----------（图3-1-2）以这条线为界，将线两侧的纸向远离身体的外侧折，一般用长短相间的横线表示。

图3-1-2　山线或凸线

（二）基本的折叠符号

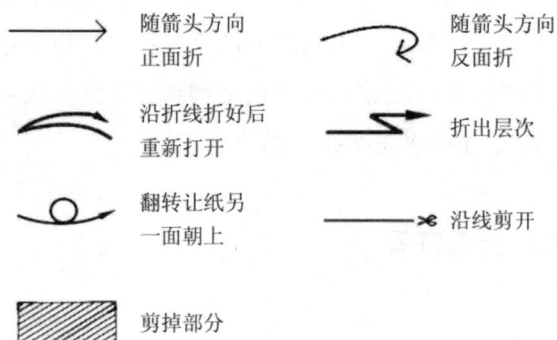

图3-1-3　基本的折叠符号

（三）基本的折法

1. 对角折

图3-1-4　将纸依虚线对角折

图3-1-5　折完后的纸成为一个三角形

2. 集中折

图3-1-6　将纸相邻边依虚线向
　　　　　对角线集中折

图3-1-7　折完后的纸成为一个钻石形

3．双三角折法

图3-1-8　准备一张正方形纸

图3-1-9　对角折后左右角依虚线分别
向前后折

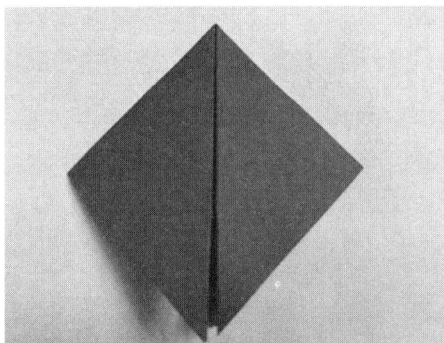

图3-1-10　对折后得到一个正方形

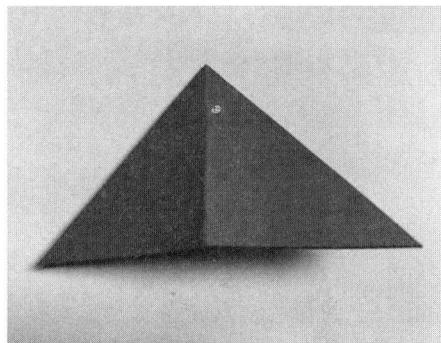

图3-1-11　中间撑开、压平，就得到一
个双三角形

4．双正方形折法

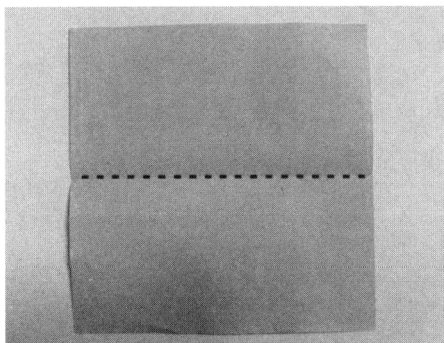

图3-1-12　正方形纸沿虚线对边折

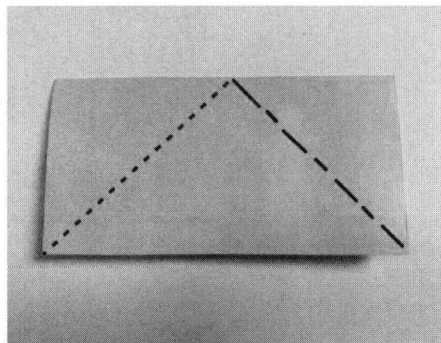

图3-1-13　对边折后沿虚线分别向前、
后折

图3-1-14　对折后得到一个三角形

图3-1-15　从中间撑开、压平，就得到一个双正方形

5. 单菱形折法

图3-1-16　准备一张正方形纸

图3-1-17　对角折展开中线，相邻边向中线集中折

图3-1-18　其余两边再向中线集中折

图3-1-19 折成一个单菱形

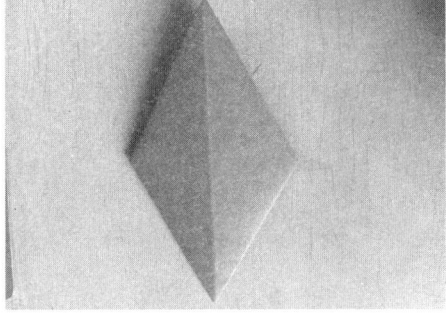

图3-1-20 单菱形的反面

6. 双菱形折法

图3-1-21 用一张正方形纸折成
双正方形

图3-1-22 左右相邻边向中线集中
折，折出痕迹

图3-1-23 依折痕把两邻边内折

图3-1-24 背面相同折法

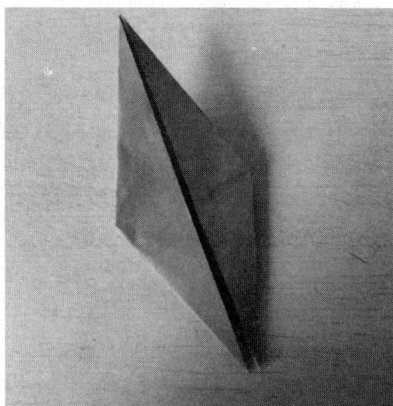

图3-1-25 把正反两面上层角向上折起，完成

二、手工折纸教程

（一）平面造型折纸

1. 小鱼的折法

（1）基本材料和工具：正方形的纸、水彩笔。

（2）制作方法：

第一步：准备一张正方形的纸，按照虚线对角对折（如图3-1-26）；

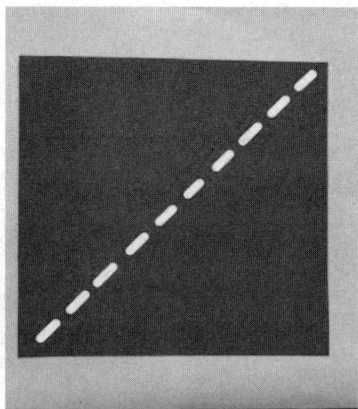

图3-1-26

第二步：对折压平后再按虚线对角对折（如图3-1-27）；

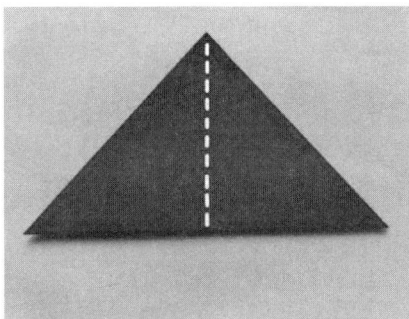

图3-1-27

第三步：对折压平后再按虚线对角对折一次（如图3-1-28）；

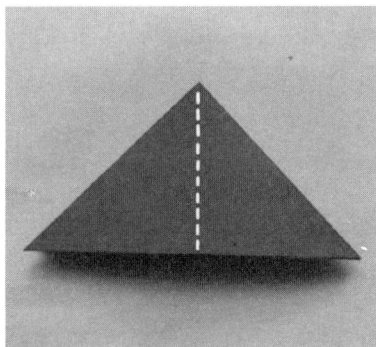

图3-1-28

第四步：对折完后按照原折法展开回到大正方形，通过前几个步骤得到一个"米"字折痕，将折痕中间横着的"十"对折（如图3-1-29）；

图3-1-29

第五步：对折后得到一个三角形形状（如图3-1-30）；

图3-1-30

第六步：将一边的上面层向上折（如图3-1-31）；

图3-1-31

第七步：将另一边与上一边重合折（如图3-1-32）；

图3-1-32

第八步：翻到另一面画上眼睛和花纹（如图3-1-33）。

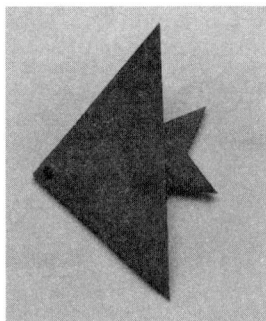

图3-1-33

（3）适宜场景：手工活动、环境创设、班级布置等。

2．小天鹅的折法

（1）基本材料和工具：正方形的纸、黑色的笔。

（2）制作方法：

第一步：准备一张正方形彩纸对角对折（如图3-1-34）；

图3-1-34

第二步：对折成为大三角形，再按照中间线对折（如图3-1-35）；

图3-1-35

第三步：对折完成后是一个小三角形（如图3-1-36）；

图3-1-36

第四步：将左面的角沿着中间的折痕向下折（如图3-1-37）；

图3-1-37

第五步：将右面的角沿着中间的折痕向下折（如图3-1-38）；

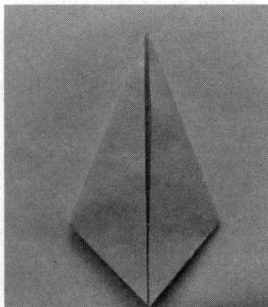

图3-1-38

第六步：上面的角向下折，尖尖的角对着中间的直线（如图3-1-39）；

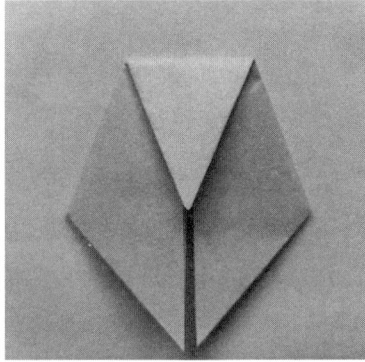

图3-1-39

第七步：将尖尖的小角再往上折一点（如图3-1-40）；

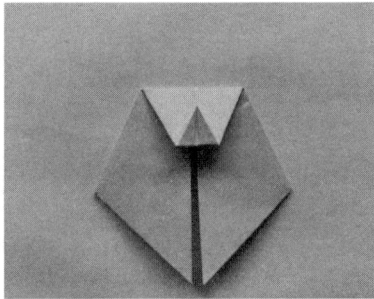

图3-1-40

第八步：沿着中间的折痕向下对折（如图3-1-41）；

图3-1-41

第九步：用黑色的笔点上眼睛（如图3-1-42）；

图3-1-42

第十步：最后把天鹅的嘴巴和脖子往外拉，小天鹅就完成了（如图3-1-43）。

图3-1-43

（3）适宜场景：手工活动、环境创设、班级布置等。

3. 小鸡的折法

（1）基本材料和工具：正方形的彩纸、黑色的笔。

（2）制作方法：

第一步：准备一张正方形彩纸，按对角对折成一个大三角形（如图3-1-44）；

图3-1-44

第二步：将大三角形再次对折成小三角形（如图3-1-45）；

图3-1-45

第三步：将左右两边的角沿着中线分别向下折（如图3-1-46）；

图3-1-46

第四步：折好后将一边的角向上翻折（如图3-1-47）；

图3-1-47

第五步：将右面的角向上翻折，与左边的对齐（如图3-1-48）；

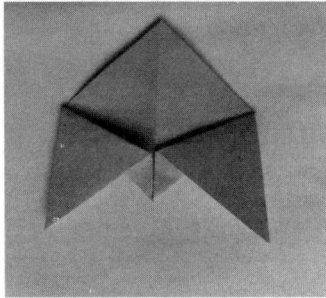

图3-1-48

第六步：将上面层的角向上翻折（如图3-1-49）；

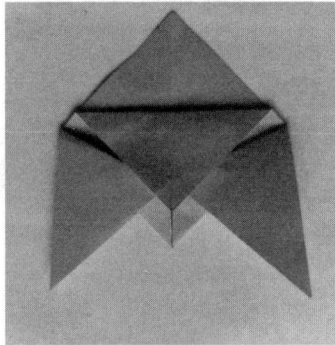

图3-1-49

第七步：将最底层的角向上翻折（如图3-1-50）；

图3-1-50

第八步：把最底层的角向下翻折一点，折出小鸡的嘴（如图3-1-51）；

图3-1-51

第九步：用黑色的笔点上眼睛（如图3-1-52）。

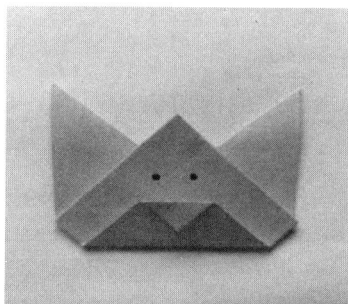

图3-1-52

（3）适宜场景：手工活动、环境创设、班级布置等。

4. 小蘑菇的折法

（1）基本材料和工具：长方形或正方形的纸、彩色笔。

（2）制作方法：

第一步：取一张正方形纸对边折成"十"字（如图3-1-53）；

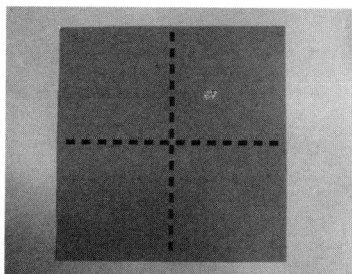

图3-1-53

第二步：其中三个角向中心对折（如图3-1-54）；

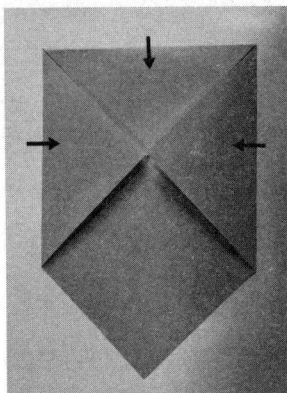

图3-1-54

第三步：对着未折角的边向内对折（如图3-1-55所示），然后翻面（如图3-1-56）；

图3-1-55

图3-1-56

第四步：将顶端的两个角向前折（如图3-1-57）；

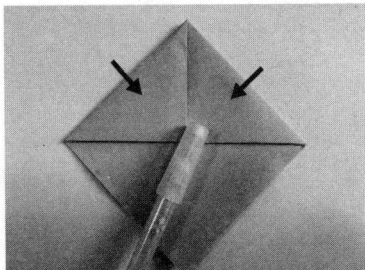

图3-1-57

第五步：将夹层里的两个角沿图示向中间折（如图3-1-58）；

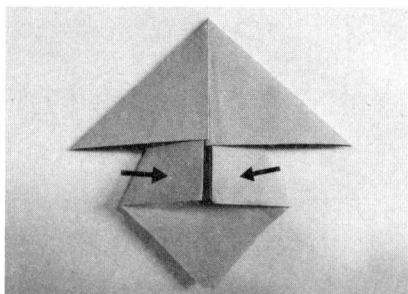

图3-1-58

第六步：将下端的角沿图示向内折（如图3-1-59）；

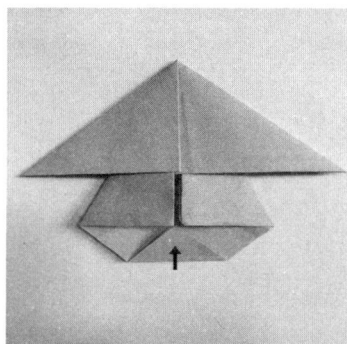

图3-1-59

第七步：将左右两端的角沿图示向里收（如图3-1-60）；

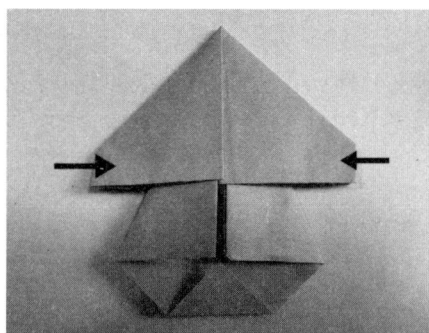

图3-1-60

第八步：把顶端的尖往下折（如图3-1-61）；

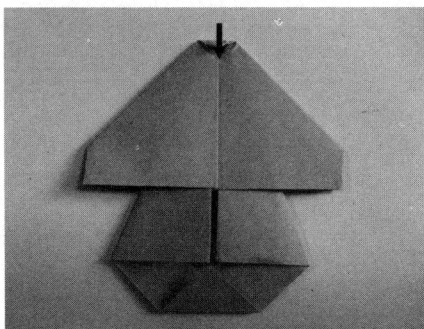

图3-1-61

第九步：翻面，并用彩色笔画上一些圈圈做修饰（如图3-1-62）。

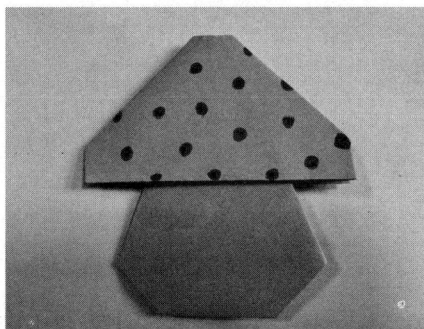

图3-1-62

（3）适宜场景：手工活动、环境创设、区角布置、班级布置等。

5．胡萝卜的折法

（1）基本材料和工具：正方形的彩纸、1/4绿色彩纸（可用卡纸裁剪）。

（2）制作方法：

第一步：准备一张正方形彩纸（如图3-1-63）；

第二步：按对角对折成大三角形（如图3-1-64）；

第三步：再对折，折成小三角形（如图3-1-65）；

第四步：将左边的角沿着中线对折（如图3-1-66）；

第五步：将右边的角沿着中线对折（如图3-1-67）；

第六步：将左边的角向中线位置折（如图3-1-68）；

第七步：将右边的角向中线位置折（如图3-1-69）；

第八步：右边的角插进左边（如图3-1-70）；

第九步：左边的角插进右边（如图3-1-71）；

第十步：取1/4的绿色彩纸，对折得到中间折痕（如图3-1-72）；

第十一步：右边沿着中间的折痕折（如图3-1-73）；

第十二步：左边沿着中间的折痕折（如图3-1-74）；

第十三步：翻到背面，右边沿着中间的线对折（如图3-1-75）；

第十四步：左边沿着中间的线对折。重复第十到十四步骤折两个叶子（如图3-1-76）；

第十五步：将折叠好的胡萝卜叶子，分别插在胡萝卜里（如图3-1-77）。

（3）适宜场景：手工活动、环境创设、班级布置等。

图3-1-63

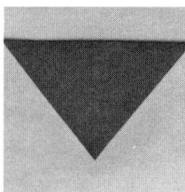

图3-1-64

图3-1-65

图3-1-66

图3-1-67

图3-1-68

图3-1-69

图3-1-70

图3-1-71

图3-1-72

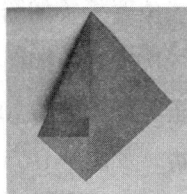

图3-1-73

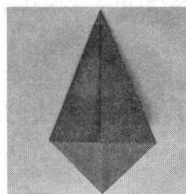

图3-1-74

图3-1-75

图3-1-76

图3-1-77

6. 耳朵会动的狗狗

（1）基本材料和工具：绿色卡纸、咖啡色彩纸、剪刀、红色长方形纸条（可用卡纸裁剪）、固体胶、尺子、黑色的笔、黄色彩纸。

（2）制作方法：

第一步：将绿色卡纸裁剪成两张10cm×12cm的长方形；

第二步：在8cm×10cm的长方形咖啡色彩纸上对折，画出小狗的耳朵，将阴影部分裁剪掉（如图3-1-79）；

第三步：在8cm×10cm的长方形咖啡色彩纸上画出小狗的脑袋，并裁剪掉阴影部分（如图3-1-80）；

第四步：在3cm×7.5cm的长方形咖啡色彩纸上画出小狗的身体部分，并裁剪掉阴影部分（如图3-1-81）；

第五步：将红色纸条裁剪成小狗的舌头（如图3-1-82）；

第六步：将小狗的舌头，固定在小狗耳朵的中间部分（如图3-1-83）；

第七步：根据小狗舌头的宽度，在10cm×12cm的绿色卡纸上裁剪一个洞（如图3-1-84）；

第八步：在黄色彩纸上，用尺子画两个圆，做小狗的眼睛（如图3-1-85）；

第九步：在眼睛上涂上黑色眼珠（如图3-1-86）；

第十步：用卡纸裁剪出小狗的鼻子（如图3-1-87）；

第十一步：将所有材料进行组装（如图3-1-88、图3-1-89）；

第十二步：将裁剪好的10cm×12cm的卡纸两边向内折0.5cm，将小狗舌头从剪好的洞里穿出（如图3-1-90）；

第十三步：翻到正面为小狗贴上头、身体、眼睛、鼻子（如图3-1-91）；

第十四步：将另一张10cm×12cm的卡纸贴到背面（如图3-1-92）。

（3）适宜场景：手工活动、环境创设、班级布置等。

图3-1-78

图3-1-79

图3-1-80

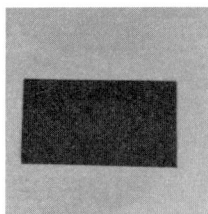

图3-1-81

图3-1-82

图3-1-83

图3-1-84

图3-1-85

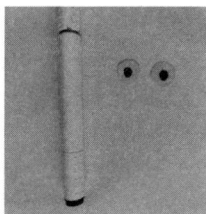

图3-1-86

图3-1-87

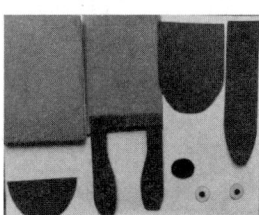

图3-1-88

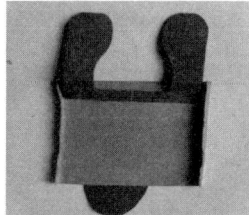

图3-1-89

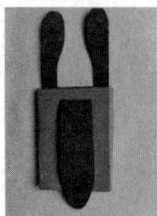  

图3-1-90　　　　　　图3-1-91　　　　　　图3-1-92

（二）立体造型折纸

1. 立体小黄鸭

（1）基本材料和工具：两条规格不一样的黄色长条（可用卡纸裁剪）、胶水、三条规格不一样的橙色长条（可用卡纸裁剪）、剪刀、黑色水性笔一支。

（2）制作方法：

第一步：准备两张规格不一样的黄色长条卡纸（第1条：宽4cm，长18cm；第2条：宽3.5cm，长15cm）（如图3-1-93）；

第二步：将两张黄色长条，分别用胶水连接成圆，并连接在一起（如图3-1-94）；

第三步：在宽4cm、长12cm的橙色长条上画上小鸭子的脚，将宽3cm、长10cm的橙色长条裁剪成小鸭子的嘴，将宽2.5cm、长8cm的橙色长条裁剪成小鸭子的冠，并裁剪下来（如图3-1-95）；

第四步：组装小鸭子（如图3-1-96）。

（3）适宜场景：手工活动、环境创设、班级布置等。

 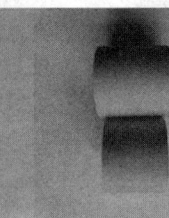 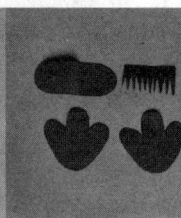 

图3-1-93　　　　图3-1-94　　　　图3-1-95　　　　图3-1-96

2. 太阳花

（1）基本材料和工具：不同颜色的卡纸（红色、黄色、绿色、橙色、蓝色、紫色）、圆规、剪刀、彩色笔、铅笔、一次性筷子、双面胶、固体胶。

（2）制作方法：

第一步：用圆规在红色、黄色、绿色、紫色、蓝色、橙色六种颜色的卡纸上画出直径9厘米的圆形并裁剪下来（如图3-1-97）；

图3-1-97

第二步：将直径9厘米的圆形对折，一直对折到无法对折（如图3-1-98）；

图3-1-98

第三步：把对折好的纸打开，沿着线像叠扇子一样叠好（如图3-1-99）；

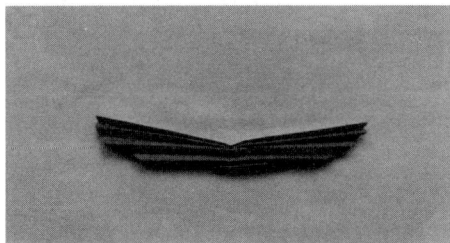

图3-1-99

第四步：同样的方法，把剩下的五种颜色的圆形全部折好（如图3-1-100）；

图3-1-100

第五步：把不同颜色的六个扇形两两连接起来，形成一个圆（如图3-1-101）；

图3-1-101

第六步：剪一个直径3cm的黄色圆形，画上笑脸（如图3-1-102）；

图3-1-102

第七步：把画上笑脸的黄色卡纸粘贴到花朵上（如图3-1-103）；

图3-1-103

第八步：在一根一次性筷子的两端贴上双面胶，然后裹上绿色的卡纸，作为花枝（如图3-1-104）；

图3-1-104

第九步：剪两片绿色的叶子粘在花枝上，把花朵也粘在花枝上，太阳花就完成了（如图3-1-105）。

图3-1-105

3. 郁金香

（1）基本材料和工具：不同颜色的卡纸（红色、黄色、绿色）、剪刀、铅笔、一次性筷子、固体胶。

（2）制作方法

第一步：准备黄色和红色规格为12cm×12cm的正方形卡纸；

第二步：正方形卡纸沿对角线对折三次（对折后为三角形）（如图3-1-106）；

图3-1-106

第三步：用铅笔画一个爱心的一半，沿画的线剪下来，得到四个爱心（如图3-1-107）；

图3-1-107

第四步：爱心对折，一侧涂上固体胶，粘到另一个爱心上，另一侧粘上另一个爱心（如图3-1-108）；

图3-1-108

第五步：绿色的卡纸对折两次，剪下一个弧形，就得到两片树叶，用绿色的卡纸卷一根树枝，也可以在里面加上一次性筷子作为花枝（如图3-1-109）；

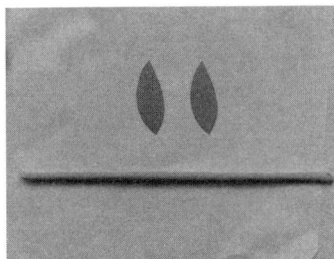

图3-1-109

第六步：把树叶用固体胶棒粘到花枝上，把花朵粘到顶端，就得到了郁金香（如图3-1-110）。

图3-1-110

（3）适宜场景：手工活动、环境创设、班级布置、主题活动等。

4. 折纸皇冠

（1）基本材料和工具：正方形彩纸、双面胶、小爱心、彩色胶带。

（2）制作方法：

第一步：将一张正方形彩纸对折后展开，将左、右两边向中线对折（如图3-1-111）；

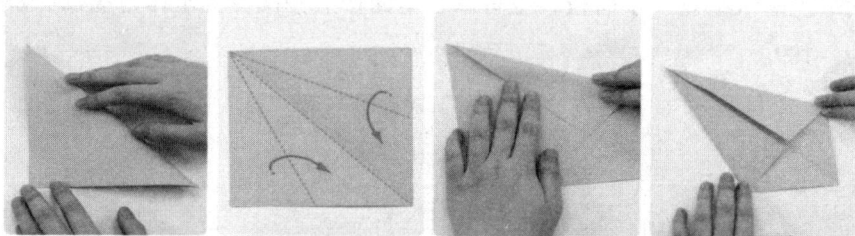

将正方形彩纸折成小船形状

图3-1-111

第二步：将正方形彩纸折成小船形状（如图3-1-112）；

图3-1-112

第三步：折出五个不同颜色的小船形状（如图3-1-113）；

图3-1-113

第四步：用双面胶把小船粘成一排（如图3-1-114）；

图3-1-114

第五步：在彩纸底部粘上双面胶，将彩纸底部向上翻（如图3-1-115）；

图3-1-115

第六步：用双面胶将彩纸围成圈粘起来（如图3-1-116）；

图3-1-116

第七步：用小爱心和彩色胶带装饰皇冠（如图3-1-117）。

图3-1-117

第八步：完成（如图3-1-118）。

图3-1-118

（3）适宜场景：手工活动、环境创设、班级布置、主题活动等。

第二节　撕贴手工作品

撕贴手工是一种简单易学的手工艺术，制作出的撕贴作品不仅可以培养儿童的创造性思维，而且还能锻炼儿童的手眼协调能力、观察环境及事物的能力。以下是制作撕贴手工作品的步骤：

1. 准备材料：色彩鲜艳的彩纸、剪刀、笔、胶水等。

2. 确定设计：先在纸上用笔画出所要制作的图案或文字，然后根据图案或文字色调选取相应颜色的彩纸，也可以使用打印线稿。

3. 撕贴：将需要用到的彩纸撕成想要的造型或小碎片。如果想要塑造立体效果，则可以将小碎片分成更小的碎片，并依据需要进行卷曲、收拢等操作。

4. 粘贴：将撕好的小碎片按照预先绘制好的图案或者文字模板粘贴在白纸上。

5. 完成：将所有小碎片全部粘贴完成后，对整个作品进行收尾处理。可以展示在墙壁或桌面上，也可放入相框内装饰家居环境。

制作撕贴手工作品需要耐心与细心，需要通过不同形状、颜色的碎片拼贴而成。在制作的过程中，可以任意发挥自己的想象力，创作出不同风格的作品。

一、大树贴画

（一）基本材料和工具：大树线稿、油画棒、固体胶、皱纹纸、马克笔。

（二）制作方法：

第一步：将皱纹纸撕成小块并搓成球（如图3-2-1、图3-2-2）；

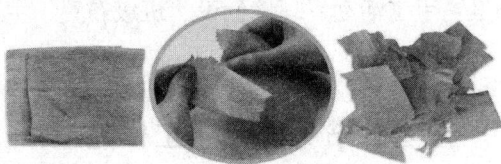

图3-2-1

图3-2-2

第二步：将皱纹纸小球粘贴到打印出来的大树线稿上（如图3-2-3）；

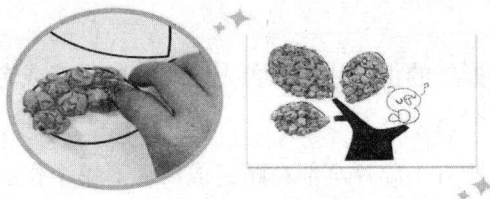

图3-2-3

第三步：将大树线稿涂上颜色并画上装饰物（如图3-2-4）；

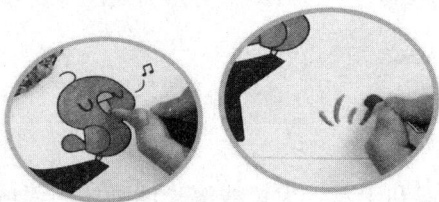

图3-2-4

第四步：大树贴画就完成了（如图3-2-5）。

成品展示：

图3-2-5

（三）适宜场景：手工活动、环境创设、班级布置、主题活动等。

二、小怪兽

（一）基本材料和工具：不同颜色的卡纸、水彩笔、固体胶。

（二）制作方法：

第一步：准备不同颜色的折纸，让孩子根据爱好将纸撕成任意形状
（如图3-2-6）；

图3-2-6

第二步：将撕好的纸粘贴在白色硬卡纸上（如图3-2-7）；

图3-2-7

第三步：为每个小纸片画上任意的表情或者动作（如图3-2-8）。

图3-2-8

（三）适宜场景：手工活动、环境创设、班级布置、主题活动等。

三、春天的鸡舍

（一）基本材料和工具：不同颜色的卡纸、黑色水笔、眼睛道具。

（二）制作方法：

第一步：用一张浅绿色的卡纸打底，用不同颜色的卡纸撕出小鸡的身体和翅膀（如图3-2-9）；

图3-2-9

第二步：给小鸡装上小眼睛和小嘴巴（如图3-2-10）；

图3-2-10

第三步：撕一些纸条作为鸡舍的栅栏（如图3-2-11）；

图3-2-11

第四步：用黑色水笔画一些线条把栅栏连接起来，并给小鸡画上脚和翅膀的纹路（如图3-2-12）；

图3-2-12

第五步：用绿色卡纸撕一些小条，组装成小草，春天的鸡舍就完成了（如图3-2-13）。

图3-2-13

（三）适宜场景：手工活动、环境创设、班级布置、主题活动等。

四、青山绿水

（一）基本材料和工具：不同颜色的卡纸、蜡笔或油画棒、彩色铅笔、剪刀。

（二）制作方法：

第一步：把卡纸撕出不同的树叶形状（如图3-2-14）；

图3-2-14

第二步：把撕出的树叶排列组合贴到裁剪好的圆形卡纸上，并用油画棒涂上渐变的颜色（如图3-2-15）；

图3-2-15

第三步：用蜡笔或油画棒和彩色铅笔画出树干和树的细节（如图3-2-16）；

图3-2-16

第四步：用油画棒画出湖水（如图3-2-17）；

图3-2-17

第五步：贴上房子，并画出房子的细节、天空和飞鸟（如图3-2-18）。

图3-2-18

（三）适宜场景：手工活动、环境创设、班级布置、主题活动等。

五、龙舟

（一）基本材料和工具：彩色卡纸、龙头图稿、皱纹纸、椭圆形卡纸、彩色笔、勾线笔、固体胶、剪刀。

（二）制作方法：

第一步：把椭圆形卡纸沿长中线对折（如图3-2-19）；

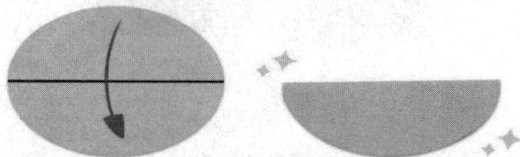

图3-2-19

第二步：用彩色笔给龙头上色，并用剪刀剪下来（如图3-2-20）；

图3-2-20

第三步：把龙头粘到椭圆形卡纸上（如图3-2-21）；

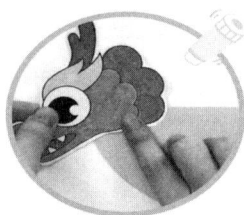

图3-2-21

第四步：在红色卡纸上用勾线笔画出龙尾并裁剪下来（如图3-2-22）；

图3-2-22

第五步：把龙尾贴到椭圆形卡纸上（如图3-2-23）；

图3-2-23

第六步：将皱纹纸撕成小块（如图3-2-24）；

图3-2-24

第七步：把皱纹纸按图示粘贴到龙舟上（如图3-2-25、图3-2-26）；

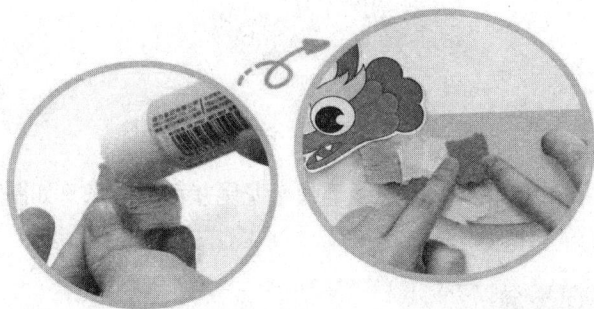

图3-2-25

图3-2-26

第八步：在棕色卡纸上画出船桨的形状，并裁剪下来（如图3-2-27）；

图3-2-27

第九步：把船桨贴到龙舟上面，龙舟就完成了（图3-2-28）。

图3-2-28

（三）适宜场景：手工活动、环境创设、班级布置、主题活动等。

第三节　手工纸编

编织工艺是一种传统的手工艺，在中国已有几千年的历史了，运用编织工艺可以制作出各种美观实用的工艺品。手工纸编是编织工艺的一种，是幼儿手工非常重要的一种表现形式，能很好地培养儿童的动手能力和感知能力，锻炼儿童手部的小肌肉群。手工纸编活动还是一种游戏，幼儿可以把自己所观察到的一些事物形态编织出来，可以促进幼儿大脑的发育，启发幼儿的观察力、想象力、创造力及审美能力。

常见的纸编样式有普通格、斜纹格（如图3-3-1）、菱形格（如图3-3-2）、棋盘格（如图3-3-3）和立体格纹（如图3-3-4）等。

斜纹格编织流程

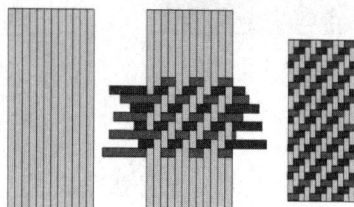

图3-3-1

菱形格编织流程

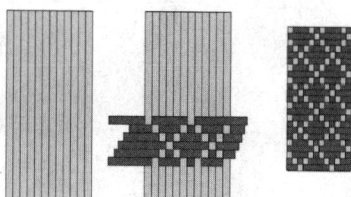

图3-3-2

棋盘格编织流程

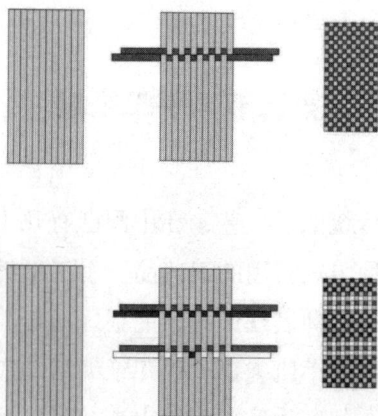

图3-3-3

立体格纹编织流程

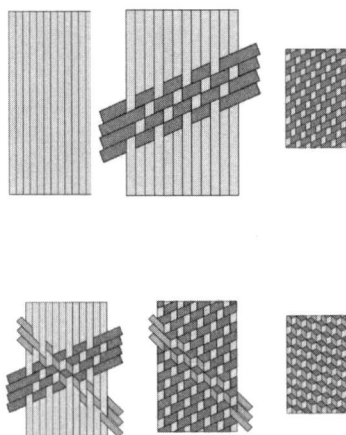

图3-3-4

一、纸编小鱼

（一）基本材料和工具：两种不同颜色的卡纸（绿色和黄色）、剪刀、固体胶棒、黑色马克笔。

（二）制作方法：

第一步：把不同颜色的两种彩纸，裁剪成同样大小的纸条（如图3-3-5）

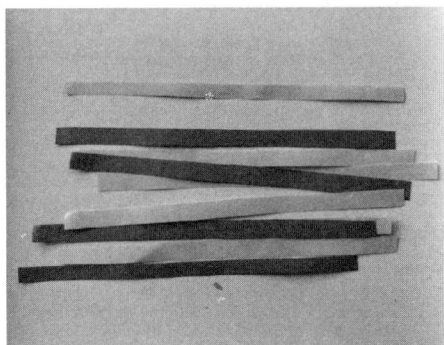

图3-3-5

第二步：把不同颜色的各三根纸条对折（如图3-3-6）；

图3-3-6

第三步：把两根不同颜色的纸条交叉叠在一起（如图3-3-7）；

图3-3-7

第四步：再取一根绿色的纸条交叉放上去（如图3-3-8）；

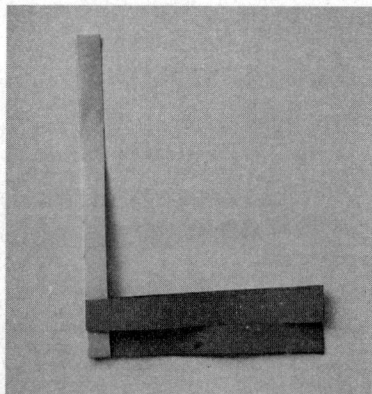

图3-3-8

第五步：分别使用交叉重叠的方法放进去三根黄色和三根绿色的纸条（如图3-3-9）；

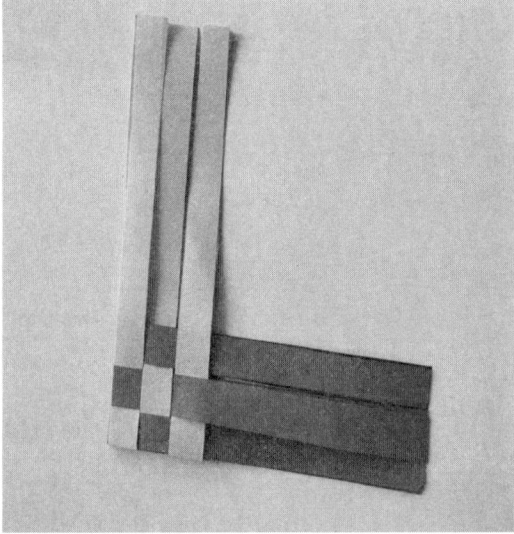

图3-3-9

第六步：用固体胶棒把两边黄色的纸条和绿色的纸条（如图所标数字1、2、3、4）用固体胶棒粘起来（如图3-3-10、图3-3-11）；

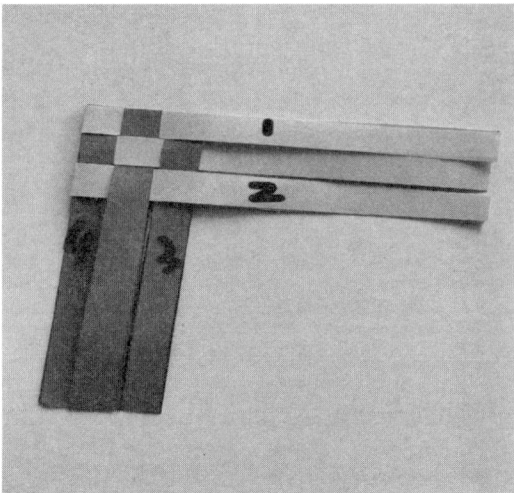

图3-3-10

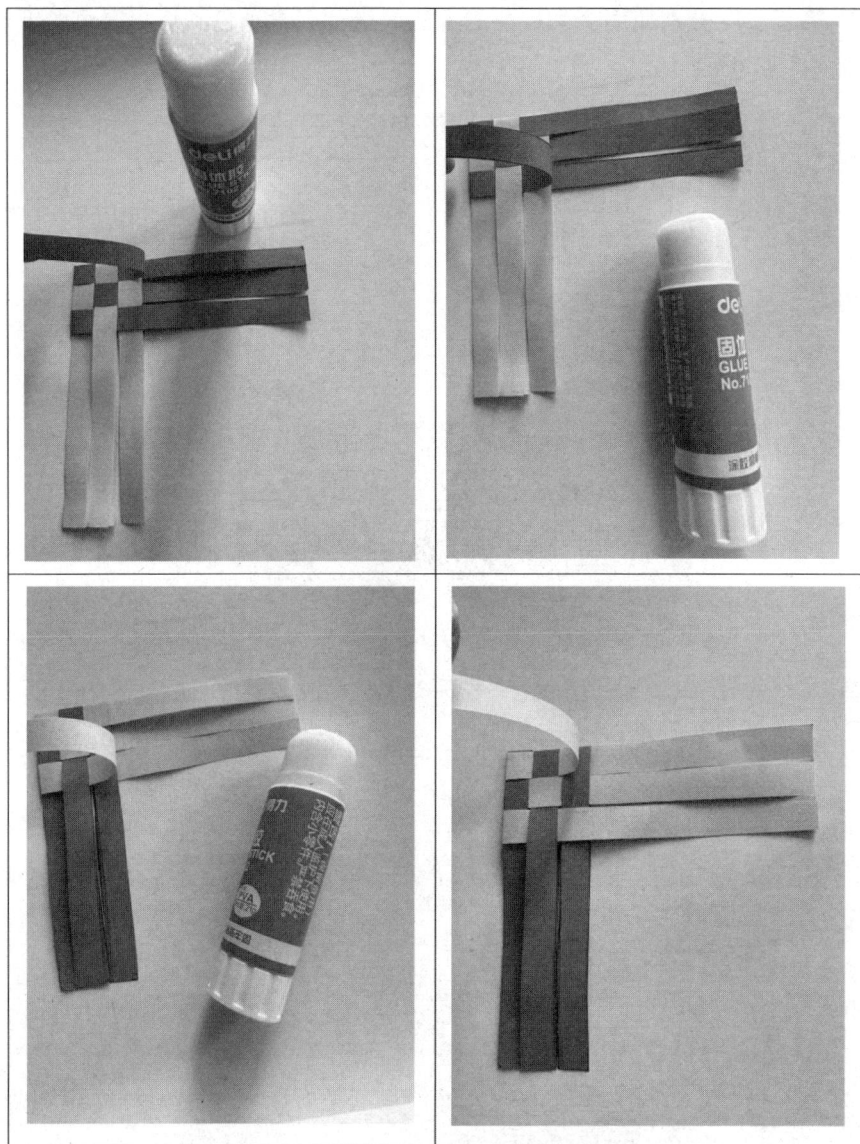

图3-3-11

第七步：把中间的纸条剪短穿到纸条里（如图3-3-12）；

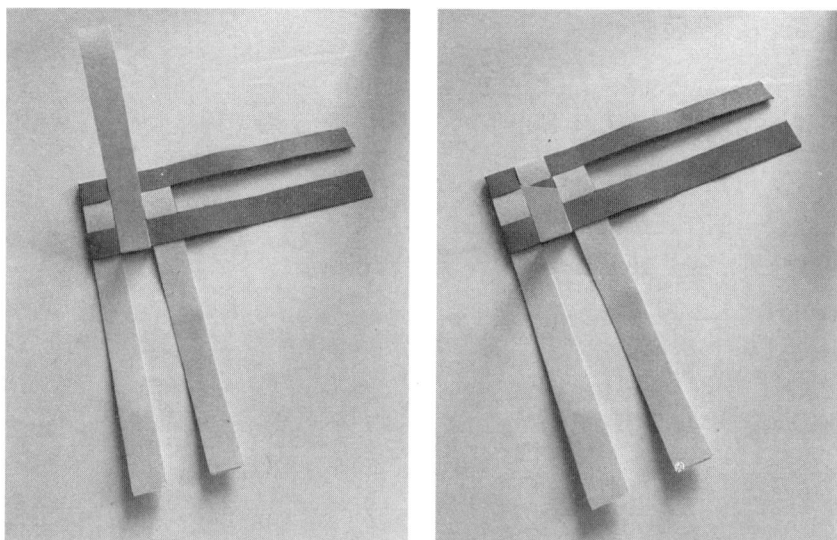

图3-3-12

第八步：把编好的小鱼剪掉尾巴，再用马克笔画上眼睛，小鱼就编好了（如图3-3-13）。

图3-3-13

（三）适宜场景：手工活动、环境创设、班级布置、主题活动等。

二、纸编菠萝

（一）基本材料和工具：卡纸、剪刀、美工刀、固体胶棒、黑色签字笔。

（二）制作方法：

第一步：取一张黄色的卡纸（如图3-3-14）；

图3-3-14

第二步：把黄色的卡纸裁剪出菠萝的形状（如图3-3-15）；

图3-3-15

第三步：用美工刀把黄色卡纸中间斜着划成斜条纹（如图3-3-16）；

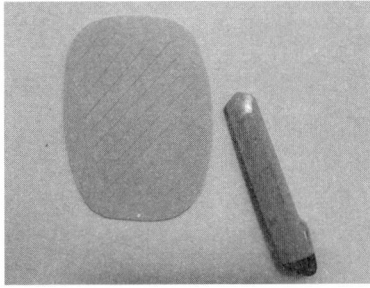

图3-3-16

第四步：把其他颜色的彩纸裁剪成大小相同的纸条（如图3-3-17）；

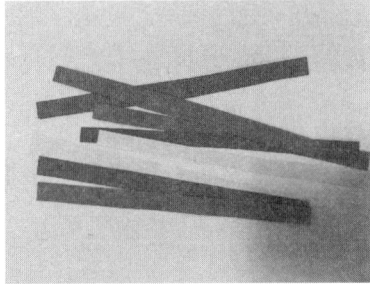

图3-3-17

第五步：把纸条交叉穿插到菠萝里（如图3-3-18）；

图3-3-18

第六步：把不同颜色的纸条均匀地编进去（如图3-3-19）；

图3-3-19

第七步：用三张绿色的卡纸对折，用黑色签字笔画出菠萝叶子的情况
（如图3-3-20）；

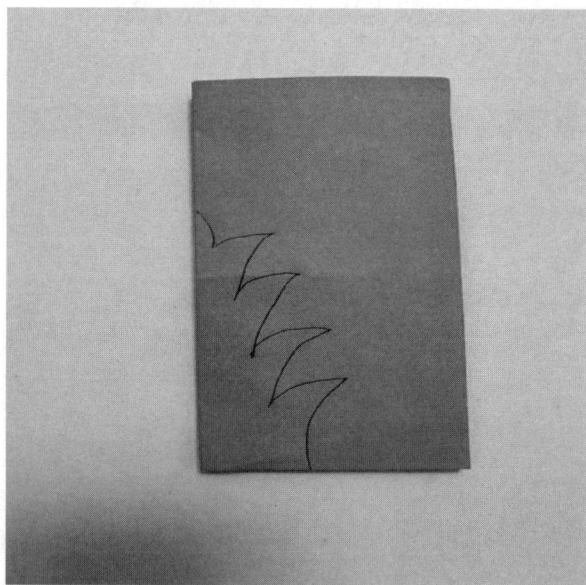

图3-3-20

第八步：用剪刀把菠萝叶子裁剪下来（如图3-3-21）；

图3-3-21

第九步：把裁剪好的叶子用固体胶棒粘起来（如图3-3-22）；

图3-3-22

第十步：把粘好的叶子涂上胶水，粘到菠萝上，纸编菠萝就完成了（如图3-3-23）。

图3-3-23

（三）适宜场景：手工活动、环境创设、班级布置、主题活动等。

三、纸编扇子

（一）基本材料和工具：两种不同颜色的硬卡纸、美工刀、美工纸胶带、木签。

（二）制作方法：

第一步：取两种不同颜色，稍硬一些的卡纸（黄色和绿色，如图3-3-24）；

图3-3-24

第二步：裁剪成1cm的长条（如图3-3-25）；

图3-3-25

第三步：把黄色的卡纸条间隔1cm均匀排列在桌面上，下端用美工纸胶带固定住（如图3-3-26）；

图3-3-26

第四步：依次把绿色的卡纸条交叉编织进去（如图3-3-27）；

图3-3-27

第五步：用纸胶带临时固定出喜欢的形状（如图3-3-28）；

图3-3-28

第六步：把胶带以外的部分裁剪掉（如图3-3-29）；

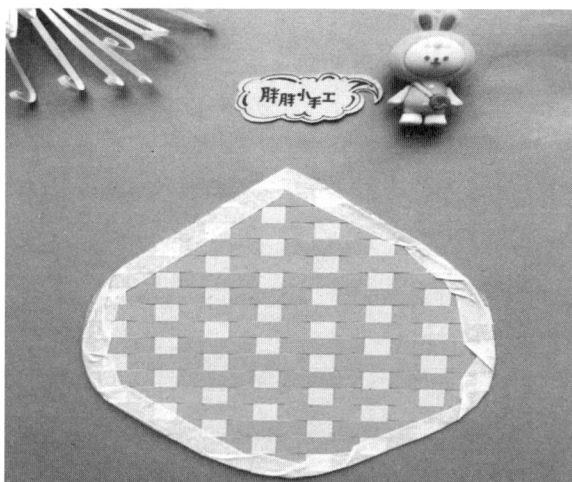

图3-3-29

第七步：在两面边缘贴黄色的纸条加固（如图3-3-30）；

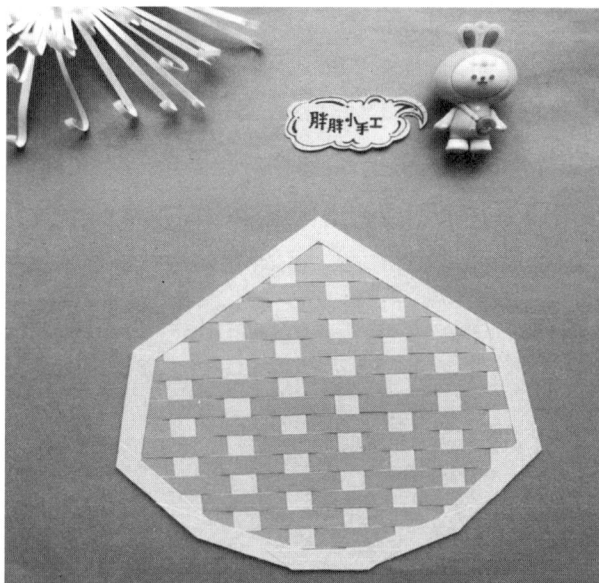

图3-3-30

第八步：插入一根木签，纸编扇子就完成了（如图3-3-31）。

图3-3-31

（三）适宜场景：手工活动、环境创设、班级布置、主题活动等。

四、纸编花篮

（一）基本材料和工具：不同颜色的卡纸、剪刀、固体胶。

（二）制作方法：

第一步：用剪刀把卡纸裁剪出圆形和不同规格的纸条，短的10根，长的22根，长短纸条颜色不要一样，短纸条的颜色和圆形卡纸相同（如图3-3-32）；

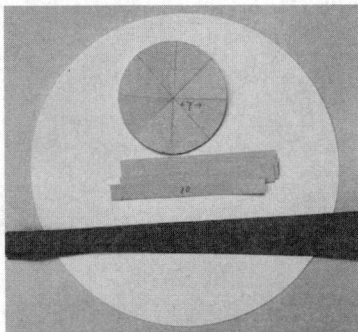

图3-3-32

第二步：用固体胶把短的纸条沿圆形卡纸贴一圈（如图3-3-33）；

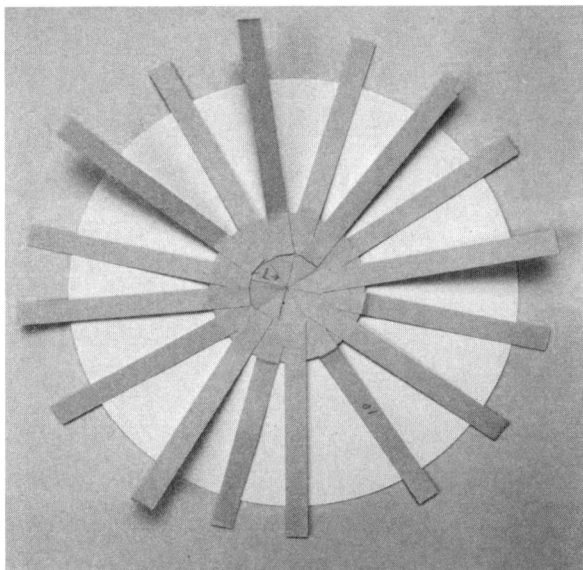

图3-3-33

第三步：把圆形卡纸贴好纸条后翻过来，把纸条折起来，长纸条用固体胶粘成圆圈（如图3-3-34）；

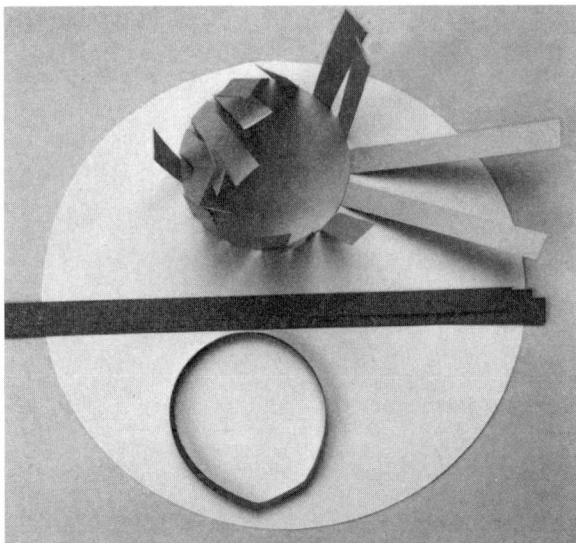

图3-3-34

第四步：把纸圈交叉套在纸条上（如图3-3-35）；

图3-3-35

第五步：把多余的部分折到里面，穿进去藏起来（如图3-3-36）；

图3-3-36

第六步：用一根长纸条作为提手，纸编花篮就完成了（如图3-3-37）。

图3-3-37

（三）适宜场景：手工活动、环境创设、班级布置、主题活动等。

五、纸编小船

（一）基本材料和工具：几张不同颜色的卡纸、订书机、双面胶、剪刀、固体胶。

（二）制作方法：

第一步：把粉色卡纸和浅绿色卡纸裁剪成长条（如图3-3-38）；

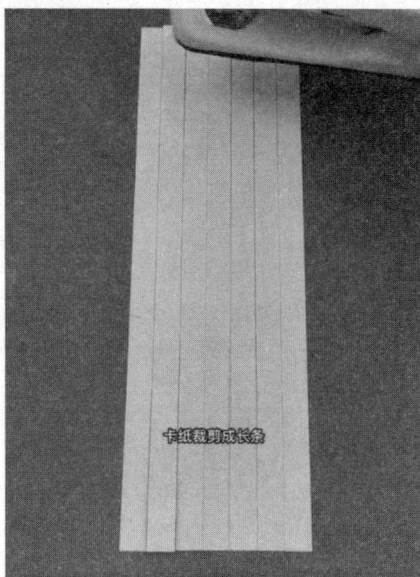

图3-3-38

第二步：把七条浅绿色卡纸整齐摆放在桌子上，把粉色卡纸交叉放入绿色卡纸里（如图3-3-39）；

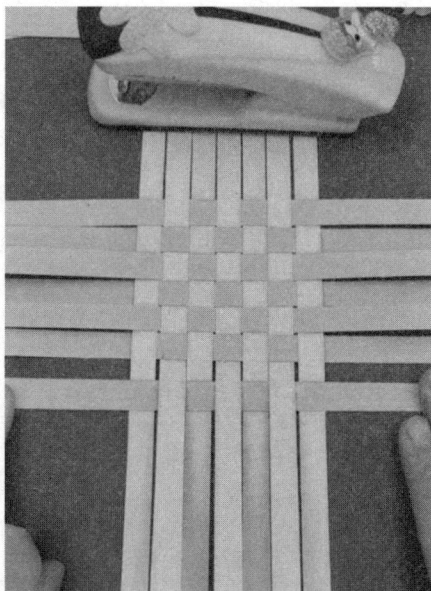

图3-3-39

第三步：把绿色卡纸的两端聚拢，用订书机钉在一起（如图3-3-40）；

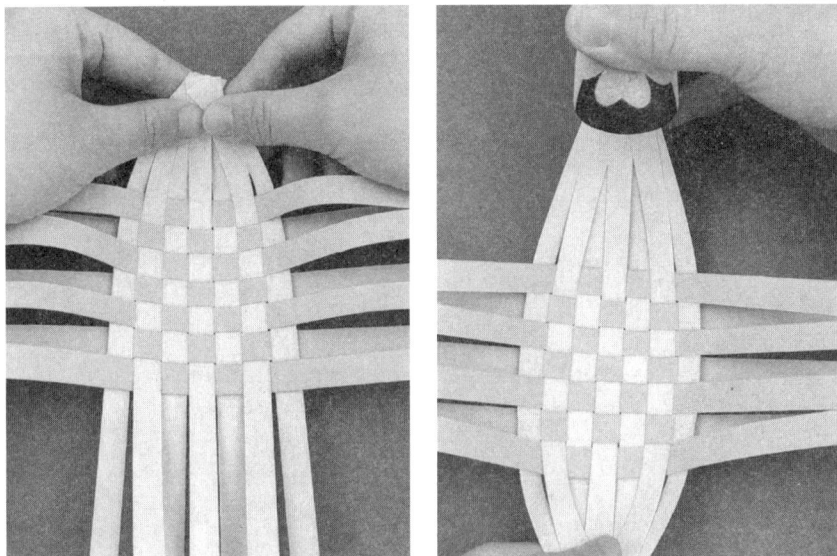

图3-3-40

第四步：另用一张粉色卡纸条粘上双面胶；把纸编小船上的粉色卡纸两端都粘贴在了双面胶的卡纸条上（如图3-3-41）；

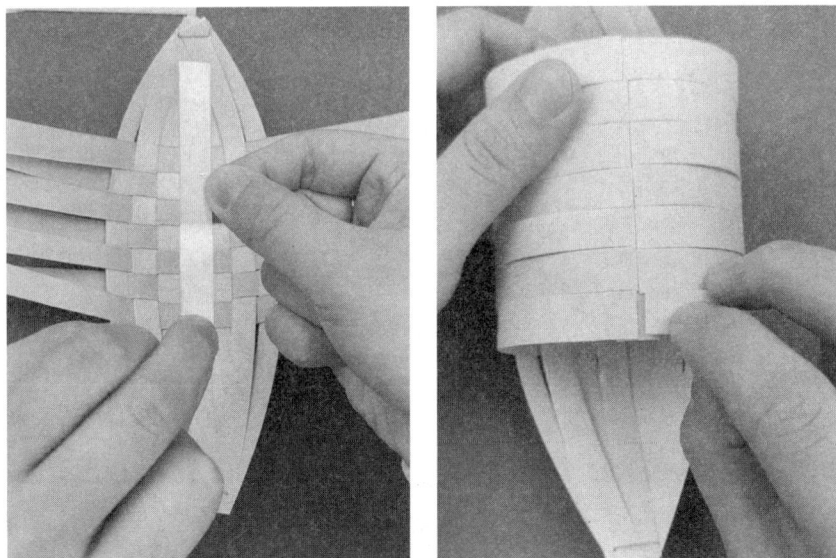

图3-3-41

第五步：用其他颜色的卡纸裁剪出几朵小花和小蝴蝶，并把小花、小蝴蝶粘到纸船的上面（如图3-3-42）；

图3-3-42

第六步：纸编小船就完成了（如图3-3-43）。

图3-3-43

（三）适宜场景：手工活动、环境创设、班级布置、主题活动等。

六、纸编作品欣赏

图3-3-44

图3-3-45

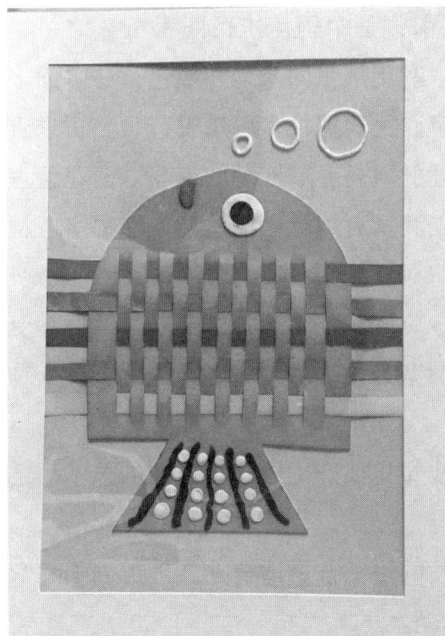

图3-3-46

图3-3-47

图3-3-48

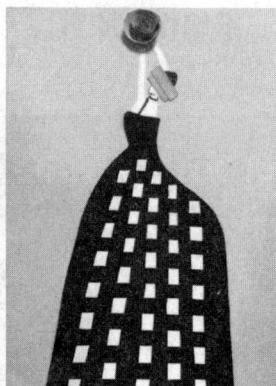

图3-3-49

第四节　手工剪纸

民间剪纸，也称剪窗花、剪纸艺术，是中国传统民间手工艺之一，起源于汉朝。它是以剪刀为主要工具，利用纸张的质地和颜色，在平面上剪出各种不同形态、花样的图案和文字。民间剪纸多以庆祝节日、祈求吉祥等为主题，其中最典型、最有代表性的就是春节期间的窗花。窗花经过精心设计和剪裁，具有流畅大方的线条和富有趣味性的造型，在福字、福猫、喜鹊等吉祥图案中体现了人们对幸福美好生活的追求。

民间剪纸的技法包括"折""剪""挖""穿"等方式，其风格深受地域文化的影响。如山东地区以几何图案为主，四川地区则注重表现人物形象和自然景色等。

目前，民间剪纸已成为中国非物质文化遗产中极具代表性的艺术品之一，在世界各地享有盛誉。

剪纸是一种非常有趣和具有挑战性的手工艺，适合儿童进行创作和学习。以下是一些儿童可以尝试的剪纸活动。

1. 简单的形状：让儿童从彩纸上剪出一些简单的形状，如三角形、圆形、正方形等，然后将它们粘在一个白纸上制成一个小拼贴画。

2. 沿图案剪：先在白纸上绘制一些简单的图案，如心形、星星等，然后让儿童用剪刀沿着轮廓剪下来。儿童可以将其贴在一张黑色或深色的卡纸上，这样图案更加鲜明。

3. 制作简单窗花：让儿童从彩纸上剪出各种各样的形状，如花朵、蝴蝶等，并将它们粘在窗户上制成窗花，增添节日气氛。

4. 剪出字母：帮助儿童学习字母并提高他们的手眼协调能力。先让他们用铅笔写下字母，在彩纸上把字母轮廓画出来，并使用剪刀剪出字母形状。

儿童剪纸注意事项：

1. 切记不要让儿童使用锋利的剪刀，应选择适合儿童使用的安全剪刀。

2. 提醒儿童在进行剪纸活动时注意安全，防止受伤。

3. 在开始手工活动前，先与儿童讲解好执行步骤和注意事项，并对他们进行正确引导。

一、剪纸的基本表现形式

传统剪纸主要有对称折叠剪、不对称剪两种基本表现形式，其中对称折叠剪又分为对折剪纸、连续对折剪纸、团花对折剪纸（三折剪折法、四折剪折法、五折剪折法、六折剪折法）等。根据剪纸材料的不同又分为纯色剪纸和彩色剪纸两种。

二、图形剪纸

（一）基本材料和工具：各种图案的打印稿或手画稿，剪刀。

（二）制作方法：

第一步：打印或画出各种图形；

第二步：把图形用剪刀剪下来。

图3-4-1

图3-4-2

图3-4-3

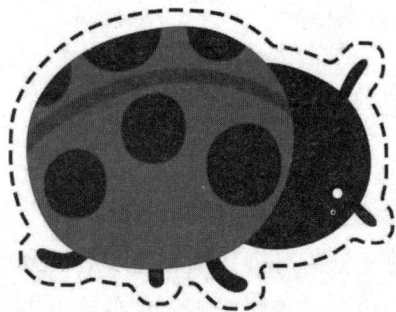

图3-4-4

图3-4-5

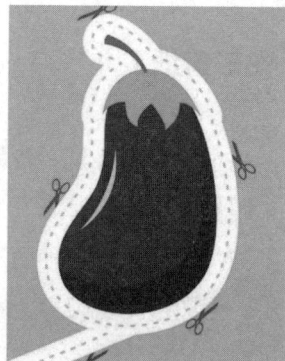

图3-4-6

三、简单窗花剪纸

图3-4-7

（一）基本材料和工具：大红纸、蜡光纸、宣纸等各种平面纸；剪纸刀、剪纸刻刀、蜡盘、订书机、镊子、胶带、大头针、尺子、铅笔等。

（二）制作方法：

1. 对折剪纸

第一步：把印有小动物的纸沿中线对折；

第二步：用剪刀沿线条裁剪（如图3-4-8）。

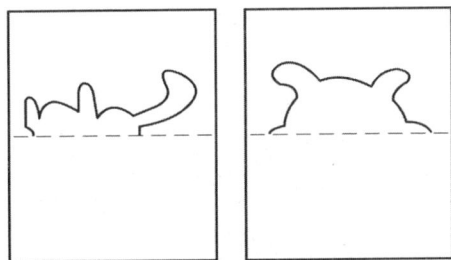

图3-4-8

2. 连续对折剪纸——兔年窗花剪纸

第一步：把A4纸竖着裁剪一半下来（如图3-4-9）；

图3-4-9

第二步：把一半的A4纸沿长边对折，再对折（如图3-4-10）；

图3-4-10

第三步：画上小兔子和胡萝卜的图案（如图3-4-11）；

图3-4-11

第四步：剪下来多余部分，注意箭头处不要剪断（如图3-4-12）；

图3-4-12

第五步：展开后画上图案（如图3-4-13）。

图3-4-13

3. 团花对折剪纸——三折剪纸法

第一步：准备一张正方形红色宣纸（如图3-4-14）；

图3-4-14

第二步：把红色宣纸对角折，红色在里面（如图3-4-15）；

图3-4-15

第三步：把三角形折成三折（如图3-4-16、图3-4-17）；

图3-4-16

图3-4-17

第四步：画上图案（如图3-4-18）；

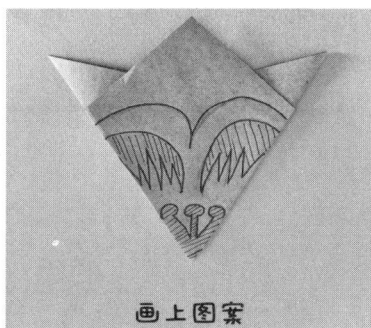

图3-4-18

第五步：剪掉画斜线的部分（如图3-4-19）；

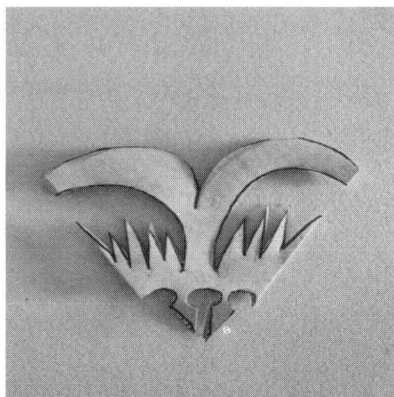

图3-4-19

第六步：展开就完成了（如图3-4-20）。

图3-4-20

（三）适宜场景：手工活动、环境创设、班级布置、主题活动等。

（四）特殊儿童窗花剪纸欣赏

图3-4-21　凤冈县特殊教育学校学生剪纸作品

图3-4-22　凤冈县特殊教育学校学生剪纸作品

图3-4-23　凤冈县特殊教育学校学生剪纸作品

图3-4-24　凤冈县特殊教育学校学生剪纸作品

图3-4-25　凤冈县特殊教育学校学生剪纸作品

图3-4-26　凤冈县特殊教育学校学生剪纸作品

图3-4-27　凤冈县特殊教育学校学生剪纸作品

图3-4-28　凤冈县特殊教育学校学生剪纸作品

图3-4-29　凤冈县特殊教育学校学生剪纸作品

图3-4-30　凤冈县特殊教育学校学生剪纸作品

图3-4-31　凤冈县特殊教育学校学生剪纸作品

图3-4-32　凤冈县特殊教育学校学生剪纸作品

图3-4-33　凤冈县特殊教育学校学生剪纸作品

四、剪纸拼贴画

（一）春天的色彩

1．基本材料和工具：彩色卡纸、黑色硬卡纸、剪刀、笔、胶水。

2．制作方法：

第一步：准备彩色卡纸若干（如图3-4-34）；

图3-4-34

第二步：将绿色卡纸剪成长短不一的纸条用作花秆（如图3-4-35）；

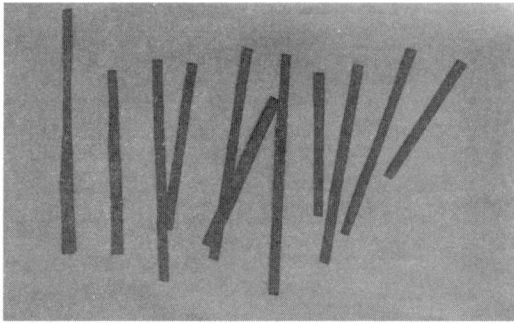

图3-4-35

第三步：在绿色纸上画出大小不一的叶子并裁剪下来（如图3-4-36）；

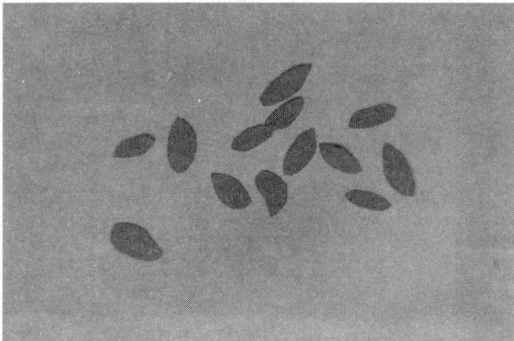

图3-4-36

第四步：画出不同颜色的花朵形状并剪下来，再剪一些圆形做花心（如图3-4-37）；

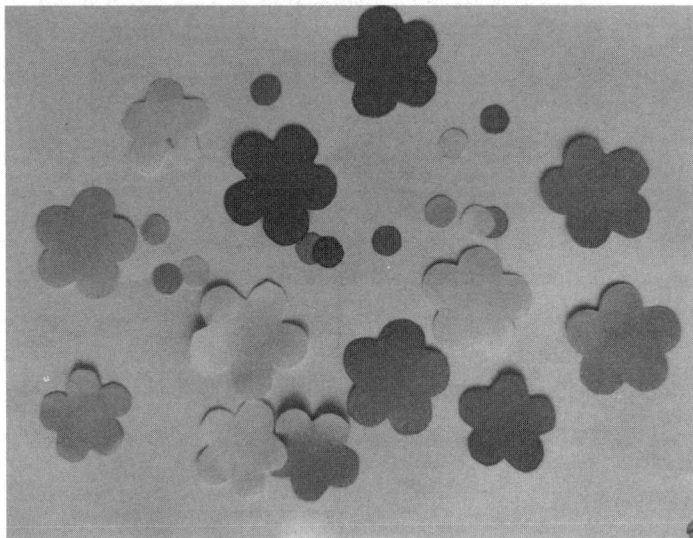

图3-4-37

第五步：将裁剪好的材料贴到黑色硬卡纸上（如图3-4-38）。

图3-4-38

3. 适宜场景：手工活动、环境创设、班级布置、主题活动等。

（二）小鸡

1．基本材料和工具：彩色卡纸、剪刀、胶水、笔、蓝色硬卡纸。

2．制作方法：

第一步：准备一张蓝色的硬卡纸，作为底面，用绿色的卡纸剪出弧形，粘贴在蓝色硬卡纸上作为草地（如图3-4-39）；

图3-4-39

第二步：在天蓝色卡纸上画出云朵的形状并裁剪下来粘贴到蓝色硬卡纸上（如图3-4-40）；

图3-4-40

第三步：在淡绿色卡纸上画出小草的图形并裁剪下来粘贴到蓝色硬卡纸上（如图3-4-41）；

图3-4-41

第四步：在彩色卡纸上画出花朵和花心，并裁剪下来粘贴上去（如图3-4-42）；

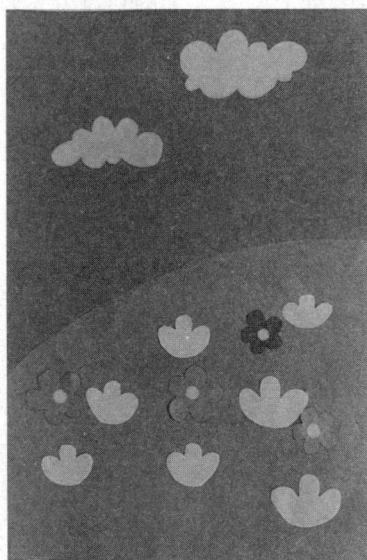

图3-4-42

第五步：在红色和黄色卡纸上画出太阳的形状并裁剪下来粘贴到上面
（如图3-4-43）；

图3-4-43

第六步：在黄色和淡黄色卡纸上画出圆形，做小鸡的身体，一个大圆
和三个小圆，并将裁剪好的圆按虚线剪开，沿剪开的圆一边向下翻折（如
图3-4-44）；

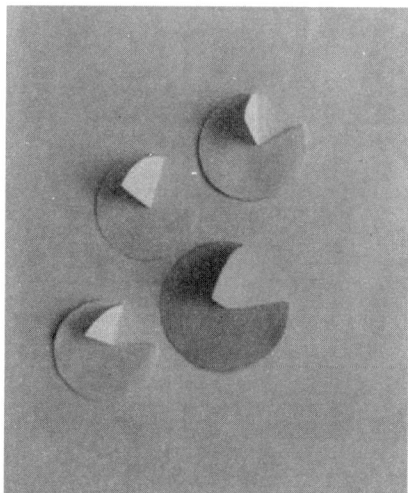

图3-4-44

第七步：剪出三个小纸条做鸡爸爸的尾巴，并在红色卡纸上剪出鸡爸爸的鸡冠和嘴巴（如图3-4-45）；

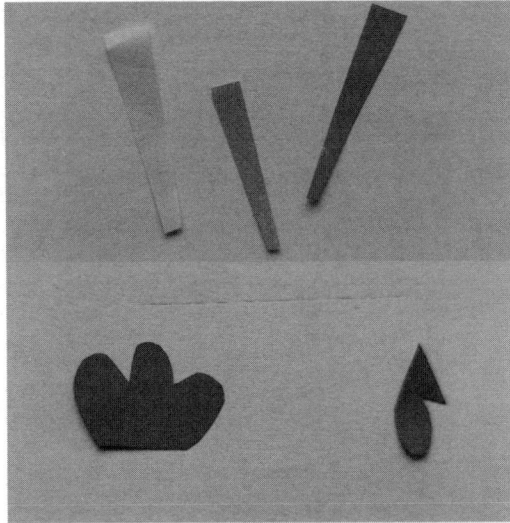

图3-4-45

第八步：将剪好的小鸡的身体粘贴在卡纸上（如图3-4-46）；

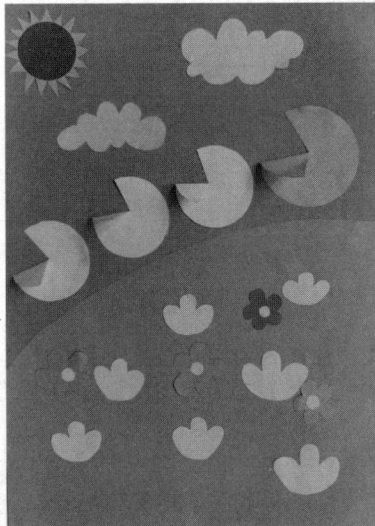

图3-4-46

第九步：给鸡爸爸粘上尾巴、鸡冠和嘴巴（如图3-4-47）；

图3-4-47

第十步：用笔给小鸡宝宝们画上嘴巴和眼睛，小鸡剪贴画就完成了（如图3-4-48）。

图3-4-48

3. 适宜场景：手工活动、环境创设、班级布置、主题活动等。

第五节　剪纸剪贴的综合运用

根据创作的意图和作画需要，选用不同类型、不同色彩的纸作为材料，采用剪、切、拼、贴等技法制作装饰作品。在制作剪贴画时，根据选用材料的纹理、色彩、光泽的不同，画面会产生不同的效果，作品会呈现不同的风格和类型。

一、春暖花开创意手工

（一）基本材料和工具：线稿（花朵、叶子、瓶子）、圆规、固体胶、双面胶、剪刀、彩色笔、多色卡纸（白色、黑色、咖啡色）、透明胶、过塑纸。

（二）制作方法

1．一盆花

第一步：在线稿上给花盆涂色（如图3-5-1）；

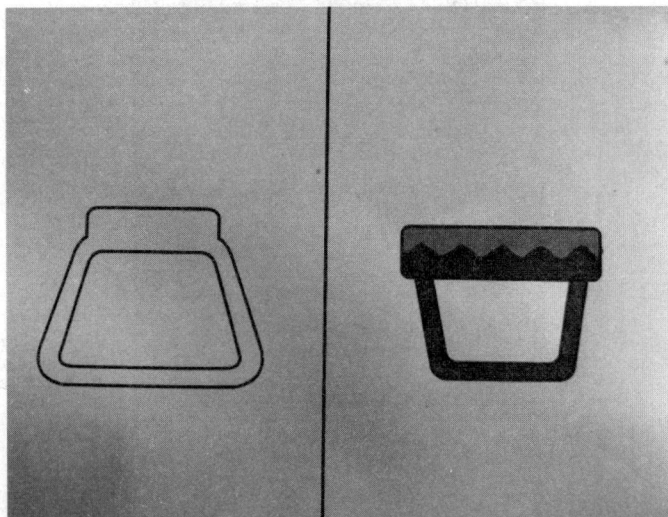

图3-5-1

第二步：花朵的样式可以让特殊儿童自由发挥（如图3-5-2）；

图3-5-2

第三步：给花朵、叶子、花盆涂色完成后，把它们用剪刀剪下来（如图3-5-3）；

图3-5-3

第四步：把剪好的花盆贴到白色或者黑色卡纸上（如图3-5-4）；

图3-5-4

第五步：把小花朵都插到花盆里（如图3-5-5）。

图3-5-5

2．瓶中花和心意花束

第一步：在线稿上给花瓶涂色（如图3-5-6）；

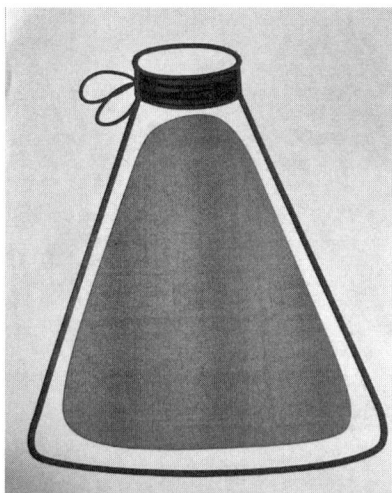

图3-5-6

第二步：花朵的样式可以让特殊儿童自由发挥（如图3-5-7）；

图3-5-7

第三步：给花朵、叶子、花盆涂色完成后，把它们用剪刀剪下来（如图3-5-8）；

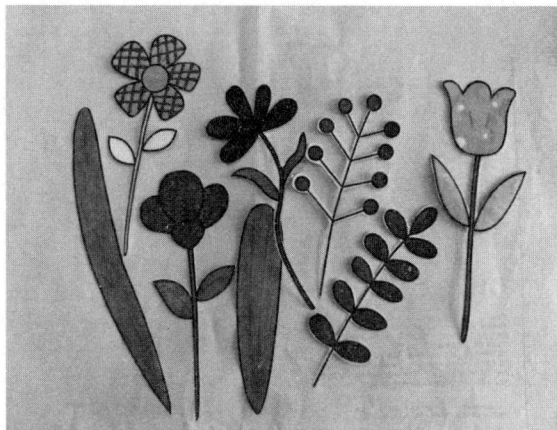

图3-5-8

第四步：把剪好的花朵、叶子、花瓶过塑；

第五步：把过塑好的花朵、叶子层层叠叠地贴到卡纸花瓶里或者插到玻璃瓶里，就成了瓶中花（如图3-5-9）；

图3-5-9

（三）适宜班级：适合幼儿园小班、中班、大班（不仅适合特殊儿童，也适合普通学前儿童）。

（四）手工教学方案

活动目标	1. 让儿童自主选择材料，依照自己的想法用多种方式大胆地表现春天美丽的花朵，发挥儿童的创造力，培养儿童的观察力； 2. 儿童通过制作并观察春天的美景，产生积极的情绪体验，培养儿童发现美的能力； 3. 让儿童通过手工制作感受春天的美好，并能表达对春天的喜爱之情，培养儿童的语言能力； 4. 融合教育班级可根据儿童的情况设置不同的教学目标
活动准备	1. 材料准备：线稿（花朵、叶子、瓶子）、圆规、固体胶、双面胶、剪刀、彩色笔、多色卡纸（黑色、咖啡色）、过塑纸； 2. 经验准备：确保儿童已经掌握使用剪刀剪花朵的技能和使用彩色笔的技能
活动过程	1. 教师在户外活动引导幼儿观察四季及户外环境的变化，春天的时候重点观察各种花朵； 2. 引导幼儿说一说他们看到的春天和其他季节的区别及植物的变化，以及观察到的花朵的类型、颜色、样式等，并让儿童思考如何将"春天"布置到我们的教室环境里； 3. 教师选择一个合适的时间（最好是在春暖花开的时候），出示准备好的材料，讲解材料的使用方法； 4. 请儿童以小组为单位制作； 5. 把制作好的物品用于布置班级环境
活动建议	1. 学前儿童以小组为单位，制作款式多样，环境布置会更丰富； 2. 在给花朵、叶子涂色时，画笔可使用彩色笔、蜡笔或者油画棒，涂色的形式可以是线描画、波点画等多种样式； 3. 若儿童选择制作花瓶吊饰，在没有准备过塑纸的情况下可用透明胶带代替；花瓶吊饰可以充分发挥儿童的创造性，多做几组不同的样式，环境装饰会更好看； 4. 可将这些材料投放到美工区中，进行延伸活动使用
注意事项	如果是融合教育幼儿园的融合教育班级，老师在设置教学目标时，对于特殊儿童的教育目标应和普通儿童有差异，教学过程中也应当更多地关注和辅助特殊儿童，采取差异化的教学方法。分组时应该把特殊儿童安排到和他关系融洽的同学的组内，让他们互相帮助

二、我的植物园

（一）基本材料和工具：

1. 摆件式植物园：彩色打印稿（没有彩色打印稿可以用彩色笔画）、30cm×30cm白色卡纸、剪刀、彩色笔、硬纸条、黏土、固体胶。

2. 贺卡式植物园：彩色打印稿（没有彩色打印稿可以用彩色笔画）、背景图、硬卡纸、硬纸条、双面胶、固体胶、剪刀。

（二）制作方法：

1. 摆件式植物园

第一步：在正方形卡纸上画上墙的形状；

第二步：把卡纸剪开一段；

第三步：一上一下交叉重叠粘好；

第四步：在底部铺好黏土，再根据彩色打印稿剪好所有小素材；

第五步：用硬纸条折成一个三角形，粘在小素材后面；

第六步：把所有的素材粘在黏土上。

2. 贺卡式植物园

第一步：根据彩色打印稿剪好所有的素材；

第二步：用硬纸条折成三角形支架，粘在素材后面；

第三步：把硬卡纸贴上背景图之后像贺卡一样对折；

第四步：把所有的素材都贴到硬卡纸上，并装饰背景。

（三）适宜场景：手工活动、亲子活动、环境创设、主题活动等。

（四）手工教学方案：

活动名称	植树节手工方案
活动目标	1. 让儿童通过做手工了解植树节的日期和习俗，激发儿童了解大自然、热爱大自然、保护环境的意识； 2. 在手工制作的过程中，儿童通过按照图形裁剪素材，并结合多种材料的综合运用，能够训练儿童的手眼协调能力和培养创造力； 3. 独立完成作品的过程能够培养儿童的独立性和解决问题的能力，如不能独立完成，寻求帮助的过程也能培养儿童的社交能力

活动名称	植树节手工方案
活动准备	1．材料准备：多张植物彩色打印稿、剪刀、30cm×30cm正方形卡纸（多色）、超轻黏土、固体胶、双面胶、卷心筒； 2．经验准备：确保儿童已经掌握使用剪刀剪植物的技能和使用彩色笔的技能
活动过程	1．教师通过植物园图片吸引儿童的注意，引入本次活动主题 "小朋友们，你们看这些照片里有什么，你们都见过吗，你们猜猜这些照片老师是在哪里拍的呢？" 2．教师引出植物园，并简单介绍植物园 "是的，这是老师在植物园里拍的，植物园中有许多植物。老师想问问小朋友们，你们知道植物都有哪些作用吗？" "植物能够美化我们生活的环境，改善环境；植物的根系还可以有效地固定土壤，防止水土流失。" 3．引导幼儿了解植树节的时间，引出活动 "植物对于我们的生活家园有着很重要的作用。3月12日是植树节，我们一起来制作一个属于我们的植物园吧。" 4．出示手工材料，引导幼儿思考并动手制作 "这是我们这次制作植物园的手工材料，小朋友们可以先看看老师怎么做。这是我们的植物园，里面有大树、小花、小草，还有宣传标语。" "小朋友们可以先在脑海中设想一下你的植物园构图，再根据手工材料进行制作。" "小朋友们在使用剪刀时需要注意安全哦，有什么问题可以举手请老师帮助。" 5．教师发放材料，儿童制作，教师巡回观察并指导 6．儿童展示自己的手工作品，与同学分享 7．教师总结活动，并强调3月12日是植树节，引导儿童要爱护树木、保护环境，热爱大自然
活动建议	1．在手工制作的过程中，如果儿童有自己喜欢的树，可以在画纸上自己画 2．老师可提用正方形卡纸制作好底板 3．老师打印的时候可以用厚一点的A4纸或白色卡纸打印效果会更好 4．可将这些材料投放到美工区中，进行延伸活动使用，与儿童共同迎接植树节的到来 5．活动结束后请儿童学会主动收拾自己的桌面垃圾
注意事项	如果是融合教育幼儿园的融合教育班级，老师在设置教学目标时，对于特殊儿童的教育目标应和普通儿童有差异，教学过程中也应当更多地关注和辅助特殊儿童，采取差异化的教学方法。分组时应该把特殊儿童分到和他关系融洽的同学的组内，让他们互相帮助

第四章　布艺玩教具的制作

《幼儿园教育指导纲要（试行）》要求："指导幼儿利用身边的物品或废旧材料制作玩具、手工艺品等来美化自己的生活或开展其他活动。"在学前教育活动中，让儿童在自制玩教具的过程中逐步发展其认知能力、动手能力、思维能力、审美能力、想象能力等，进而"丰富幼儿的感性经验和情感体验"以及"培养幼儿表现美和创造美的情趣"。

布艺玩教具是使用布料、线、针等工具进行制作，可以让儿童在制作中学习并锻炼手工技能和创造力。布艺玩教具设计独特，形式多样，功能丰富，既可以激发儿童们的创意思维，又可以培养他们的动手能力和耐心。制作布艺玩教具的材料主要包括：缝纫机、小针盒、压花板、布艺胶带等。它们不仅可以帮助儿童练习手工技巧，而且还有助于他们表达自己的个性与兴趣爱好，并增强他们的自信心与独立思考能力。

一、制作布艺玩教具对特殊儿童的作用

制作布艺玩教具对特殊儿童有许多好处。

1. 提高手眼协调能力：通过使用针线、剪刀等工具制作布艺玩具，可以帮助特殊儿童提高他们的手眼协调能力，训练其精细动作技能。

2. 提高认知与语言能力：在制作布艺玩教具的过程中，老师的指导以及与他人的沟通，有助于提高特殊儿童的表达能力；制作出一个漂亮或实用的布艺玩具也可以增强特殊儿童的成就感，增强他们的自信心和自尊心。

3. 增强注意力与耐心：制作布艺玩教具需要较长的时间和精细动作能力，这就要求特殊儿童有耐心和集中注意力，这对于那些注意力不集中的特殊儿童来说是一种非常有益的锻炼方式。

4. 减轻焦虑与压力：特殊儿童常常面临着社会压力问题，而手工制作布艺玩教具是一种放松身心、减轻焦虑与压力的有效方式。

5. 通过与布娃娃玩过家家游戏，儿童能更好地理解生活和社会关系，培养爱心与情景游戏的能力。

二、布艺玩教具的类型

布艺玩教具种类繁多，常见的类型如下。

1. 布偶娃娃：从简单的玩具到充满细节的人物，布娃娃是布艺制作中最受欢迎的形式之一。

2. 动物（手偶）玩具：布艺动物玩具有很多种，可以按照实际动物的外观和特征来制作。

3. 拼图玩具：布艺拼图通过不同的设计和鲜艳的颜色来吸引特殊儿童的兴趣，帮助他们认识颜色、形状和培养空间感知能力，是一种非常好的训练特殊儿童认知能力的玩教具，而且更加安全有趣。

4. 布书：一本好的布书通过不同的设计，不仅能够促进特殊儿童的精细动作能力的养成，吸引特殊儿童的注意力及增强他们的耐心，还可以激发他们的创造力和想象力。同时可以用于教授特殊儿童认识字母、数字、颜色、形状和其他基本技能。

5. 钥匙扣、挂件等小型装饰品。

6. 布贴画：布艺制品是一种富有创造力和趣味性的手工艺品，制作布艺玩教具不仅能够激发特殊儿童的想象力和创造力，而且也能锻炼他们的手眼协调能力、认知与语言能力。

第一节　布偶娃娃的制作

布偶玩教具主要包括怀抱布偶、手偶、指偶等。儿童热爱布偶，有的将布偶视为守护天使、伙伴、保护对象等，赋予了布偶一系列的奇幻角色。

通过这些角色，如与布娃娃玩过家家游戏，儿童能更好地理解生活和社会关系。这对于培养儿童有爱心、学会照料他人都有着无可替代的作用。

制作布偶娃娃是一项充满乐趣的活动，不仅可以锻炼儿童的手眼协调能力，还可以激发儿童的兴趣，提升参与度。制作布娃娃一般有以下几个步骤。

1. 准备材料：选择适宜的布料，通常选用棉布、毛绒布或亚麻布，还需要线、缝补针、剪刀、填充棉等。

2. 设计图案：可以根据自己的喜好或者绘画技能来设计出自己喜欢的图案，或者直接从现成的模板上找合适的图案。

3. 剪裁布料：根据图案所需大小，将布料裁剪出相应大小的面料和其他需要的零部件，并注意考虑到缝纫时留出空间。

4. 缝合各部件：将各部件按照预想的形状和位置放置在面料上，然后使用线和针缝合在一起，留一个小口方便添加装饰物和填充棉。

5. 填充棉花：将棉花塞入布娃娃中，留意不要塞得太满或太松。确定装满后，缝合口部即可。

6. 添加装饰物：把眼睛、鼻子、口袋、飘带等细节添加到布娃娃身上。使用缝补针和不同颜色的线将它们装饰到合适的位置。

一、袜子娃娃

（一）基本材料和工具：两只袜子、剪刀、针线、棉花、眼睛饰品、胶水。

（二）制作方法：

第一步：准备一只白色的袜子，沿着虚线部分剪开（如图4-1-1）；

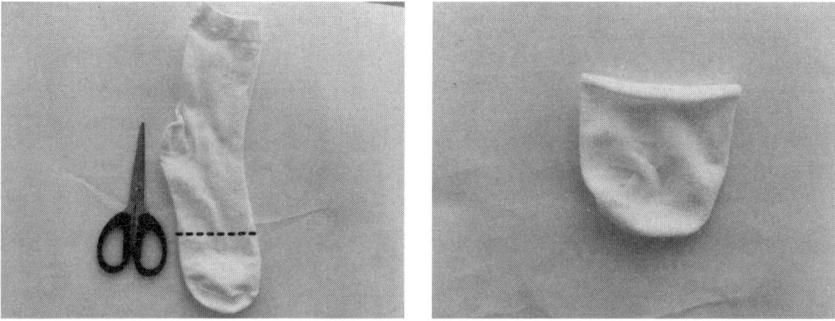

图4-1-1

第二步：将剪下来的部分填充棉花，并将底部缝合（如图4-1-2）；

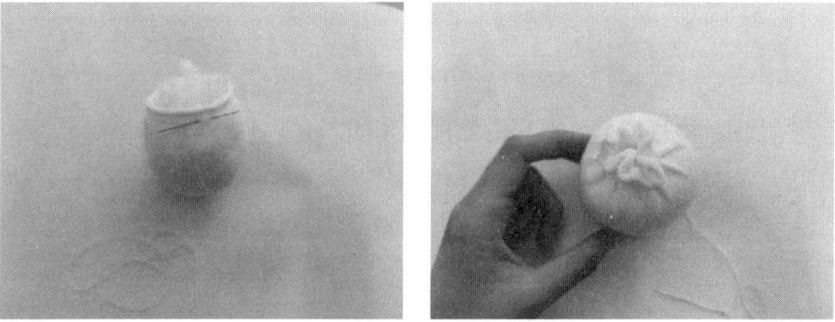

图4-1-2

第三步：拿出一只红色袜子，沿着虚线剪开（如图4-1-3）；

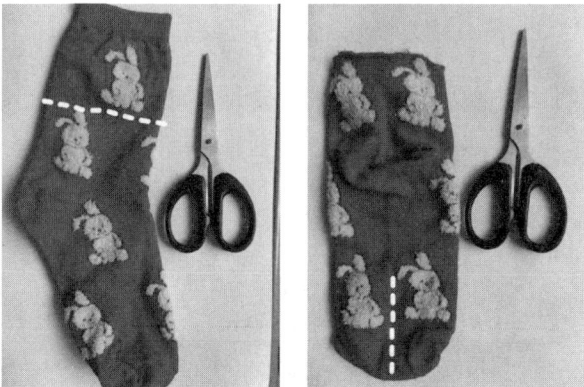

图4-1-3

第四步：将袜子底端剪开的部分沿着白线进行缝合，作为娃娃的脚（如图4-1-4）；

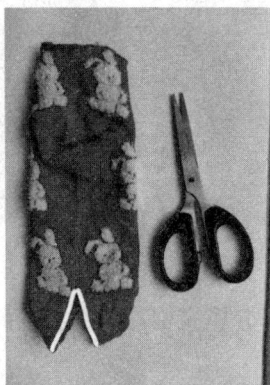

图4-1-4

第五步：将身体部分填充适量棉花（如图4-1-5）；

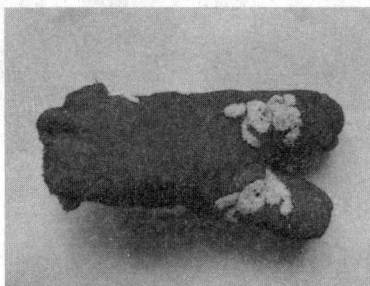

图4-1-5

第六步：将之前的头部和身体进行缝合（如图4-1-6）；

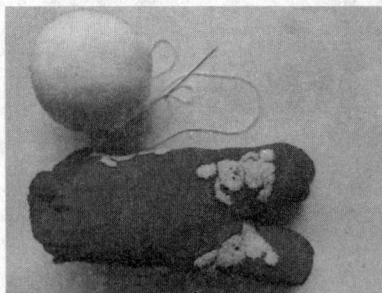

图4-1-6

第七步：沿着图中白线部分进行来回缝补，拉紧缝出手的形状（如图4-1-7）；

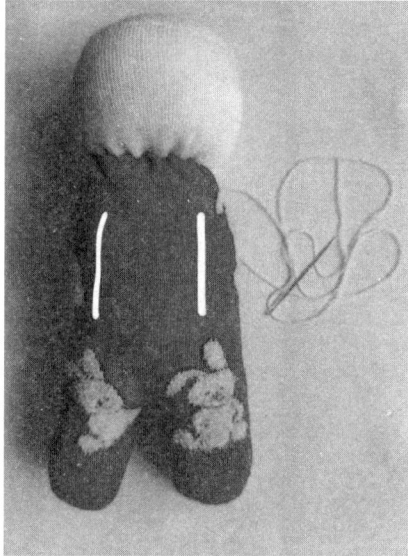

图4-1-7

第八步：拿出第三步中裁剪下来的部分做娃娃的帽子（如图4-1-8）；

图4-1-8

第九步：将帽子顶部用针线进行缝合拉紧（如图4-1-9）；

图4-1-9

第十步：拿出眼睛饰品粘贴在娃娃脸部（如图4-1-10）；

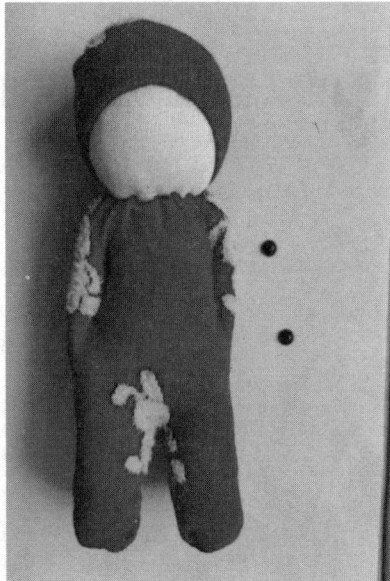

图4-1-10

第十一步：缝合娃娃嘴巴部分，从娃娃的颈部入针，缝出形状（如图 4-1-11）；

图4-1-11

第十二步：袜子娃娃就完成了（如图4-1-12）。

图4-1-12

（三）适宜场景：手工课、环境创设、区角布置、变废为宝主题活动等。

（四）袜子娃娃欣赏

图4-1-13

图4-1-14

图4-1-15

图4-1-16

图4-1-17

二、布偶娃娃

图4-1-18

（一）基本材料和工具：A4纸、毛绒布、剪刀、针线盒、笔、蝴蝶结。

（二）制作方法：

第一步：用一张A4纸画出纸样，大小就是A4纸那么大（如图4-1-19）；

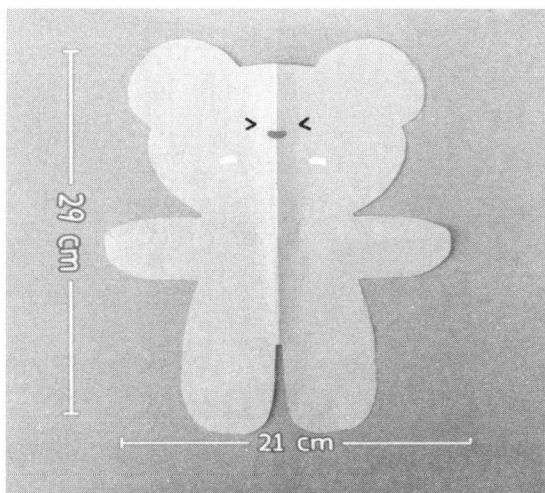

图4-1-19

第二步：沿着纸样裁剪布料，裁剪出小熊的样子，用黑线缝上眼睛、鼻子、嘴巴（如图4-1-20）；

图4-1-20

第三步：再剪一个同样的熊布料，正面扣在一起，沿着图示虚线缝合小熊，并预留一个小口塞棉花（如图4-1-21）；

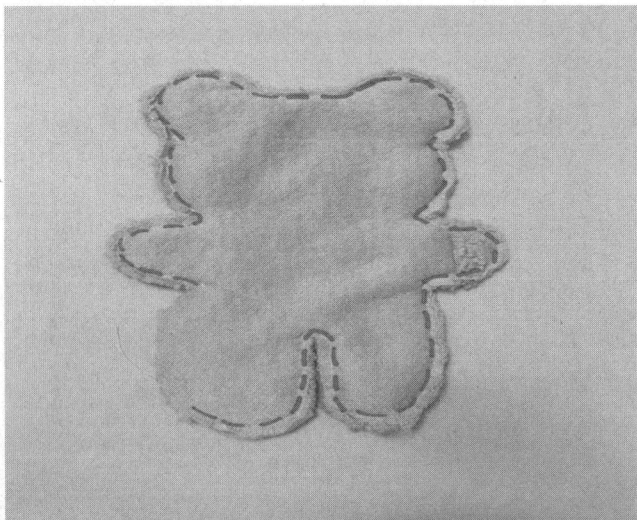

图4-1-21

第四步：把小熊从预留口翻过来，然后塞棉花，先把耳朵塞满，把耳朵从正面用线缝上（如图4-1-22）；

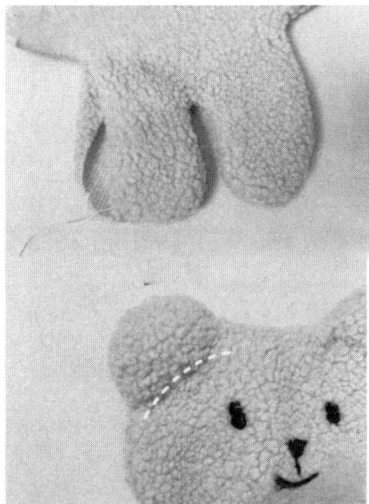

图4-1-22

第五步：棉花全部塞满，把预留口缝好，颈部系上蝴蝶结就完成了布偶娃娃（如图4-1-23）。

图4-1-23

（三）适宜场景：手工活动、环境创设、班级布置、主题活动等。

（四）手工自制布娃娃欣赏

图4-1-24

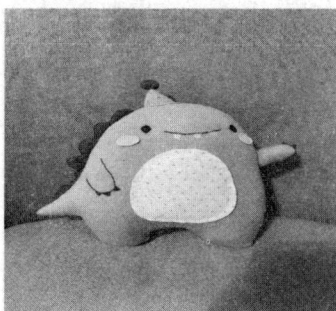

图4-1-25

图4-1-26

第二节　不织布的使用

不织布又叫作无纺布，是幼儿手工和环境创设中常见的材料。

一、不织布手偶——河马

（一）基本材料和工具：不织布（蓝色、攻红色）、画笔、眼睛贴、胶水、剪刀、针线。

（二）制作方法：

第一步：拿出蓝色的不织布画出两个河马的头部并裁剪下来（如图4-2-1）；

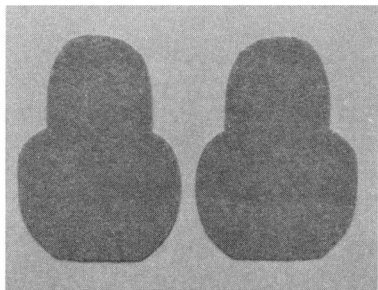

图4-2-1

第二步：根据河马的头部和嘴巴部分，用玫红色不织布画出河马的嘴巴内部，并裁剪下来（如图4-2-2）；

图4-2-2

第三步：将嘴巴内部对折，放在河马两片头部中间进行缝合，只缝合嘴巴部分（如图4-2-3）；

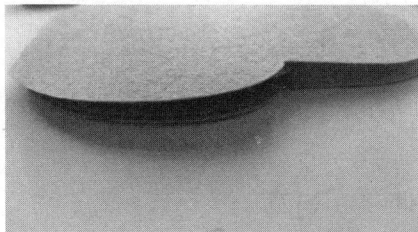

图4-2-3

第四步：采用包边方式进行缝合，始终从一个方向进行入针（如图4-2-4）；

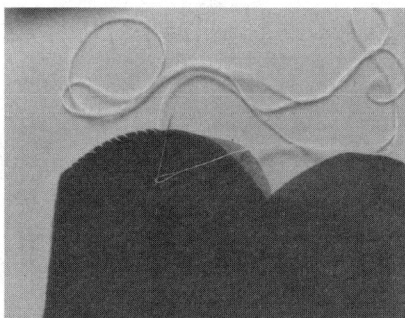

图4-2-4

第五步：在白色的不织布上根据嘴巴的大小画出四个牙齿类型，并裁剪下来（如图4-2-5）；

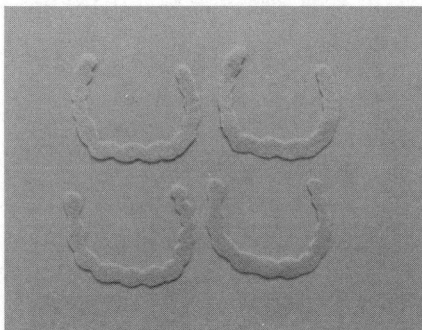

图4-2-5

第六步：采用包边方式将两片牙齿进行重叠缝合（如图4-2-6）；

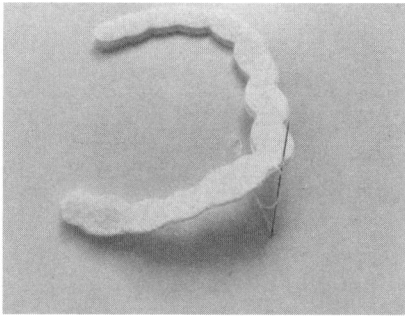

图4-2-6

第七步：缝合到三分之二后将牙齿里面填充棉花（如图4-2-7）；

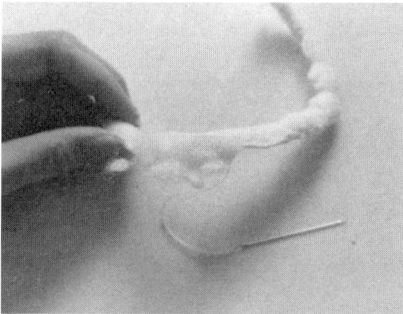

图4-2-7

第八步：将缝合好的牙齿粘贴在河马的嘴巴内部（如图4-2-8）；

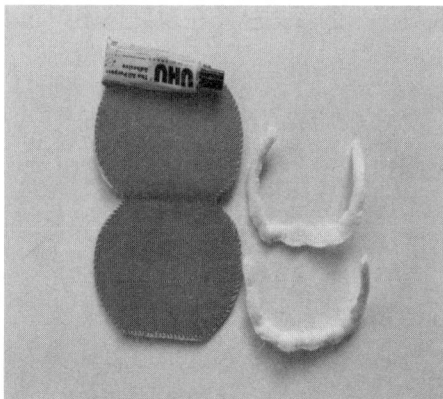

图4-2-8

第九步：将牙齿对称粘贴在玫红色不织布上面（如图4-2-9）；

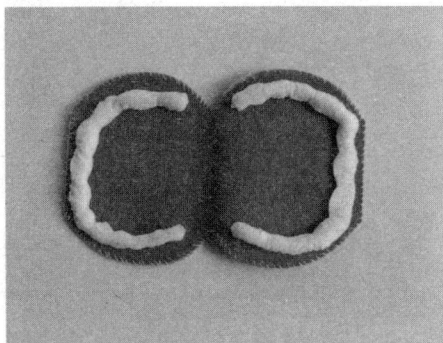

图4-2-9

第十步：拿出红色的不织布画出舌头的形状并裁剪下来（如图4-2-10）；

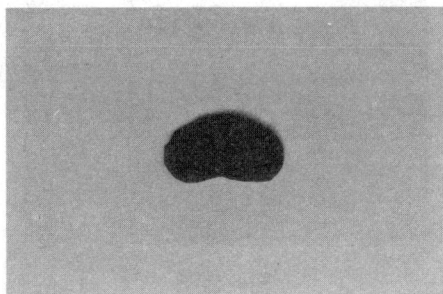

图4-2-10

第十一步：将裁剪下来的舌头粘贴在玫红色不织布上（图4-2-11）；

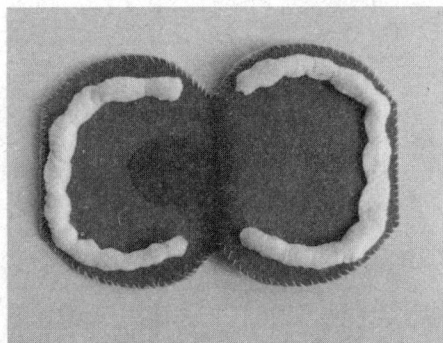

图4-2-11

第十二步：在不织布上裁剪出河马五官（如图4-2-12）；

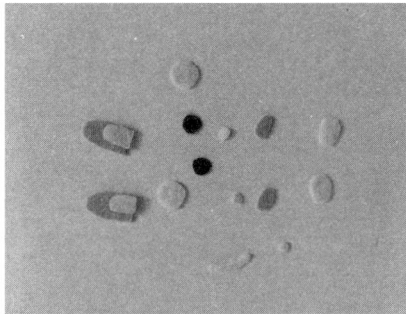

图4-2-12

第十三步：将河马五官装饰贴在封面上（如图4-2-13）；

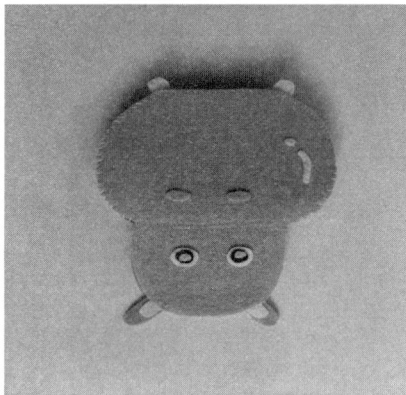

图4-2-13

第十四步：手偶完成（如图4-2-14）。

图4-2-14

（三）适宜场景：手工课、环境创设、区角布置、班级布置、主题活动等。

（四）不织布手偶欣赏

图4-2-15

图4-2-16

图4-2-17

二、不织布手指手偶——小鸟

（一）基本材料和工具：多种颜色的不织布、打印部位图片、眼睛饰品、胶水、剪刀、针线。

（二）制作方法：

第一步：准备小鸟的部位分解图，用不织布对应裁剪下来，身体、前翅膀使用绿色不织布，后翅膀使用浅蓝色不织布，花纹使用浅绿色不织布，嘴巴使用棕色不织布，眼底使用黄色不织布，眼睛使用黑色不织布，眼底使用白色不织布；（如图4-2-18）

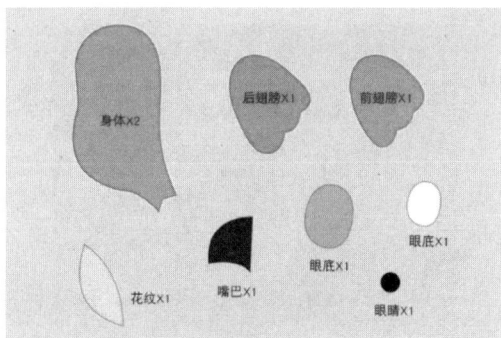

图4-2-18

第二步：将裁剪下来的部位材料进行缝合（如图4-2-19）；

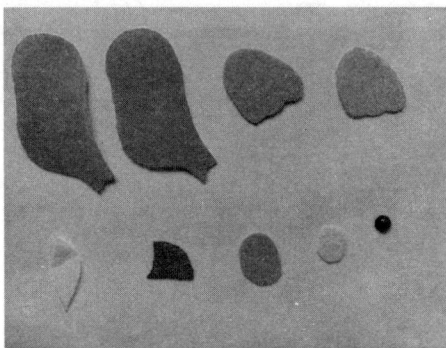

图4-2-19

第三步：将嘴巴部分放在两片身体部位中间，将花纹放在身体左下方位置，根据虚线进行缝合（如图4-2-20）；

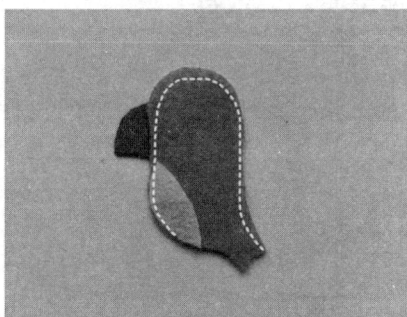

图4-2-20

第四步：缝合采用平针缝合（如图4-2-21）；

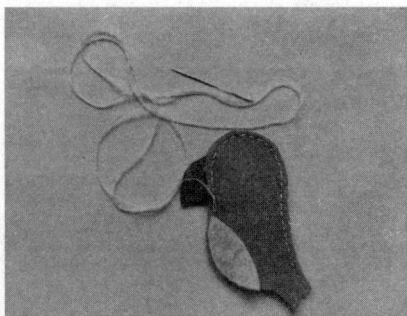

图4-2-21

第五步：将眼睛粘贴在缝合好的手偶上面（如图4-2-22）；

图4-2-22

第六步：将翅膀粘贴上去，手指手偶完成（如图4-2-23）。

图4-2-23

（三）适宜场景：手工课、环境创设、区角布置、班级布置、主题活动等。

（四）其他的手指手偶制作方法：

1．小猫

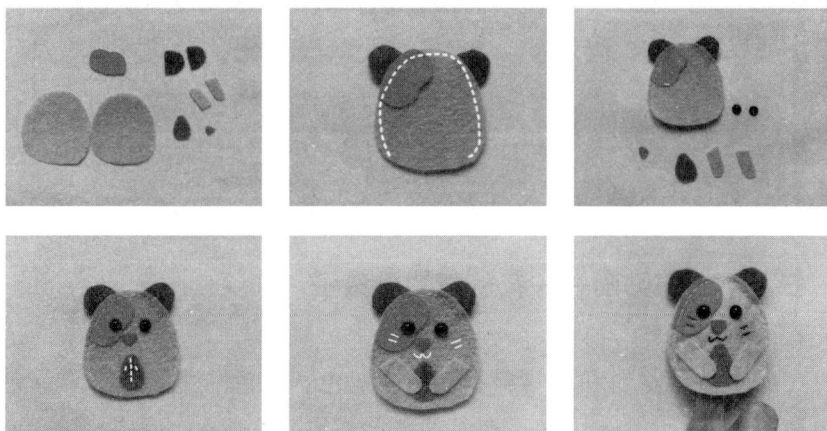

图4-2-24

2．小刺猬

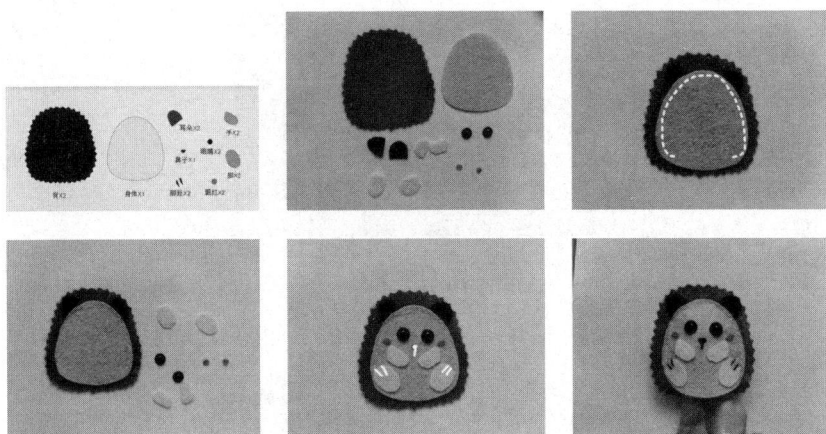

图4-2-25

3．小蜥蜴

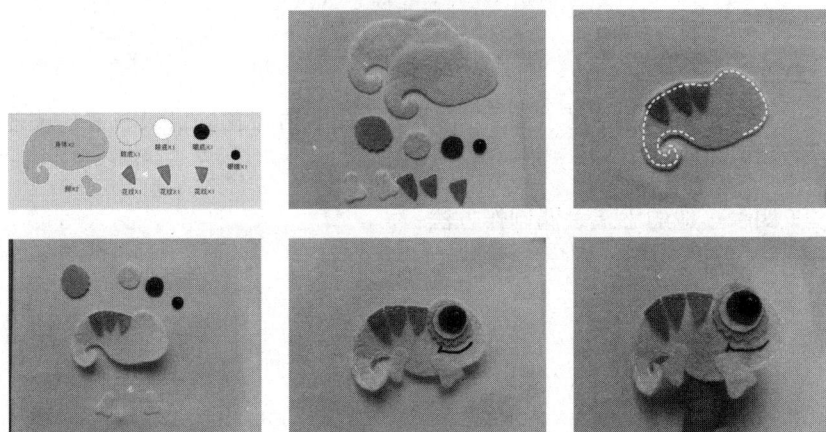

图4-2-26

三、不织布贴画——花丛里的小兔子

（一）基本材料和工具：不织布（蓝色、白色、墨绿色、草绿色、浅黄色、橘色、浅粉色、粉紫色、黄色）、剪刀、胶水、刷子（用来刷胶水）、黑色水笔。

（二）制作方法：

第一步：在白色的不织布上面用黑色水笔描出小兔子的轮廓，这一步要描在粘贴面处，后面能把水笔印盖住（如图4-2-27）；

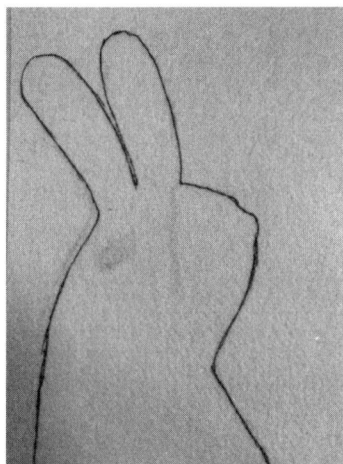

图4-2-27

第二步：用剪刀沿着水笔印把小兔子的轮廓裁剪下来（如图4-2-28）；

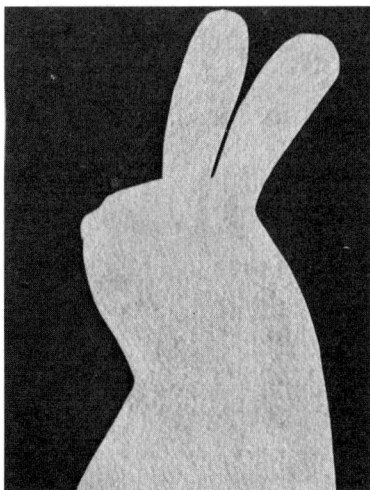

图4-2-28

第三步：再随便裁剪一些花朵、花秆和叶子，以及小兔子的嘴巴、鼻子、眼睛等部件（如图4-2-29）；

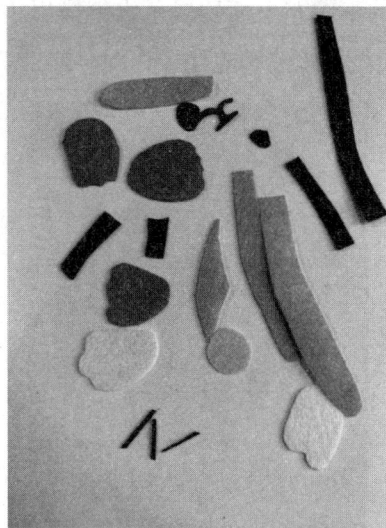

图4-2-29

第四步：用一张A4纸大小的蓝色不织布作为背景，找个合适的位置用胶水把小兔子粘贴上去（如图4-2-30）；

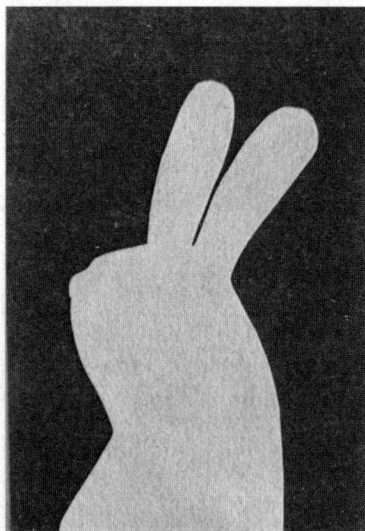

图4-2-30

第五步：把裁剪好的花朵、花秆和叶子粘贴上去（如图4-2-31）；

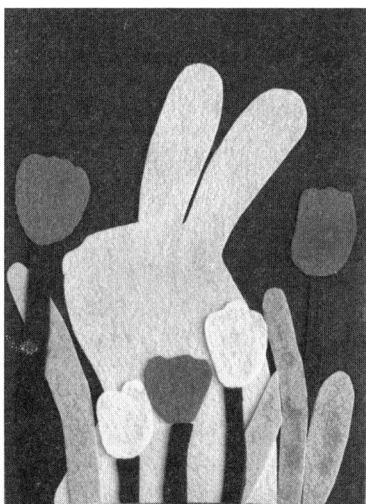

图4-2-31

第六步：用白色的不织布剪一些小圆点，用作花蕊，并粘贴上去（如图4-2-32）；

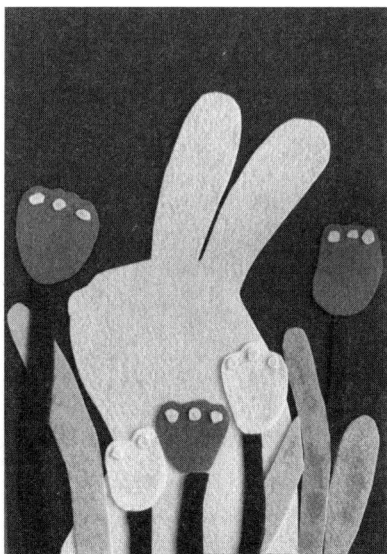

图4-2-32

第七步：给小兔子粘贴上嘴巴等部件，花丛里的小兔子就完成了（如图4-2-33）。

图4-2-33

（三）适宜场景：手工活动、环境创设、区角创设、班级布置等。

（四）布贴画欣赏

图4-2-34

图4-2-35

图4-2-36

图4-2-37

图4-2-38

四、不织布书包

（一）基本材料和工具：不织布（橙色、粉红色、黄色、蓝色、绿色、土黄色）、直尺、胶水、剪刀、水性笔、针线。

（二）制作方法：

第一步：准备一张橙色的不织布、水性笔、直尺；

第二步：在橙色的不织布两边用直尺量出宽2cm的距离，用水性笔画出线条，并画出长6cm、宽2cm的阴影部分（如图4-2-39）；

133

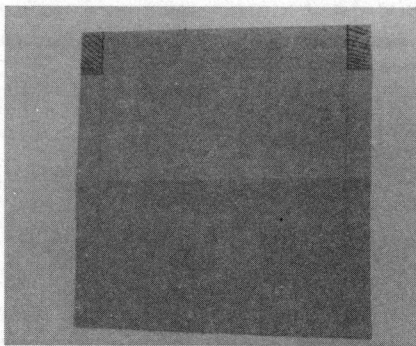

图4-2-39

第三步：将阴影部分用剪刀裁剪掉（如图4-2-40）；

图4-2-40

第四步：将不织布根据画线部分向里折叠并用线缝合起来，成为小书包的主体部分（如图4-2-41）；

图4-2-41

第五步：裁剪两条土黄色的不织布长条，用来做书包的带子（如图4-2-42）；

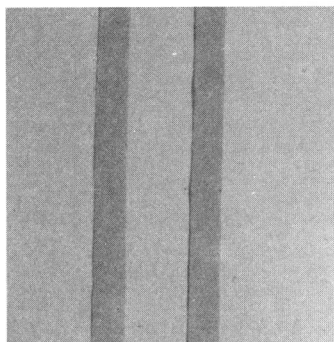

图4-2-42

第六步：将剪好的土黄色布条用线固定在书包上（如图4-2-43）；

图4-2-43

第七步：在蓝色不织布上画出书包扣的图形并用剪刀裁剪下来（如图4-2-44）；

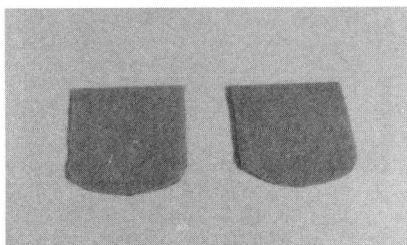

图4-2-44

第八步：在绿色不织布上画出圆形图案，并用剪刀裁剪出两个小圆（如图4-2-45）；

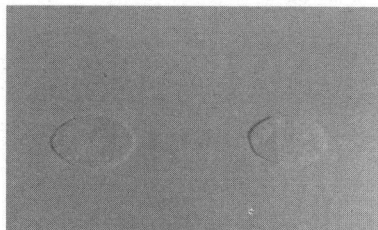

图4-2-45

第九步：将绿色的不织布圆片用胶水固定在蓝色的书包扣上（如图4-2-46）；

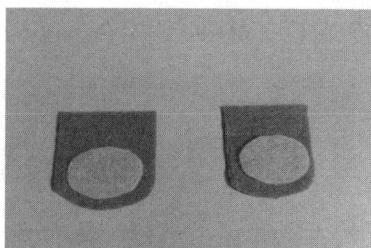

图4-2-46

第十步：将书包扣固定到书包上（如图4-2-47）；

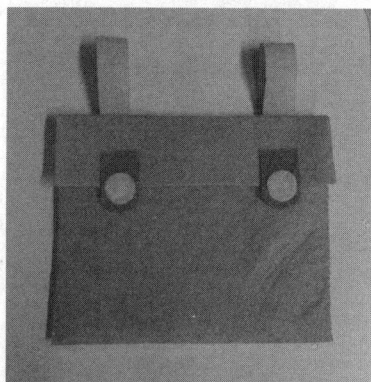

图4-2-47

第十一步：将土黄色的不织布对折后画出图形并用剪刀裁剪下来，用来做书包的手提带子（如图4-2-48）；

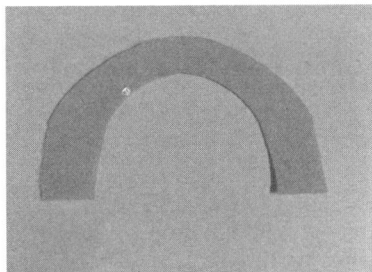

图4-2-48

第十二步：将裁剪好的袋子用胶水固定在书包上（如图4-2-49）；

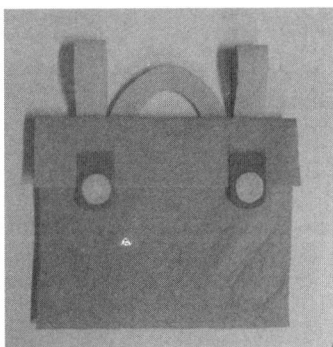

图4-2-49

第十三步：用剪刀裁剪出一个粉红色的长方形和黄色长条并用胶水粘到一起（如图4-2-50）；

图4-2-50

第十四步：将固定好的粉红色的长方形和黄色长条固定在书包上，不织布书包就制作完成了（如图4-2-51）。

图4-2-51

（三）适宜场景：手工活动、班级布置、主题活动等。

（四）不织布玩教具欣赏

图4-2-52

图4-2-53

图4-2-54

图4-2-55

图4-2-56

图4-2-57

第五章　绳材料玩教具的制作

绳材料玩教具是指利用各种不同材质的绳子制作的玩教具，既可以用于儿童游戏娱乐，也可以作为一种教学工具来帮助儿童们学习各种技能。

材料方面，绳材料玩教具通常包括纯棉、涤纶、尼龙等不同材质的绳子或毛线。这些绳子或毛线根据颜色和直径的不同，可以制作出各种形状和大小的玩教具，如手环、钥匙扣、项链、手串等。

在教育方面，绳材料玩教具可以帮助儿童们培养精细动作技能、增强空间想象力和创造力。此外，通过编制不同复杂程度的形状和结构的玩教具，学生们可以提高几何思维能力。通过协调手眼能力和练习注意力，还可以促进儿童注意力和耐心的培养。

总之，绳材料玩教具既有趣又实用。它既可以促进儿童身心发展，又可以帮助他们获得多种技能。

第一节　毛线与玩教具的结合

一、毛线贴画

（一）基本材料和工具：铅笔、一张黄色彩纸、剪刀、胶水、毛线（深绿色、粉红色、黄色、紫色）。

（二）制作方法：

第一步：在黄色彩纸上画出小草的线稿（如图5-1-1）；

图5-1-1

第二步：先在小草的第1片叶子里涂满胶水，然后用深绿色毛线粘贴（如图5-1-2）；

图5-1-2

第三步：将所有的叶子用深绿色毛线粘贴完成（如图5-1-3）；

图5-1-3

第四步：重复第3步的步骤将剩下的部分粘贴完成（如图5-1-4）；

图5-1-4

第五步：分别准备3条规格不一样的毛线（粉红色、黄色、紫色）（如图5-1-5）；

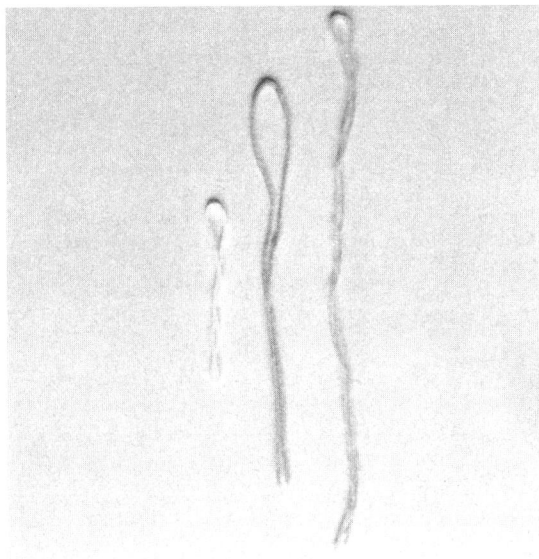

图5-1-5

第六步：将粉红色、紫色的毛线折叠到适度的长度（如图5-1-6）；

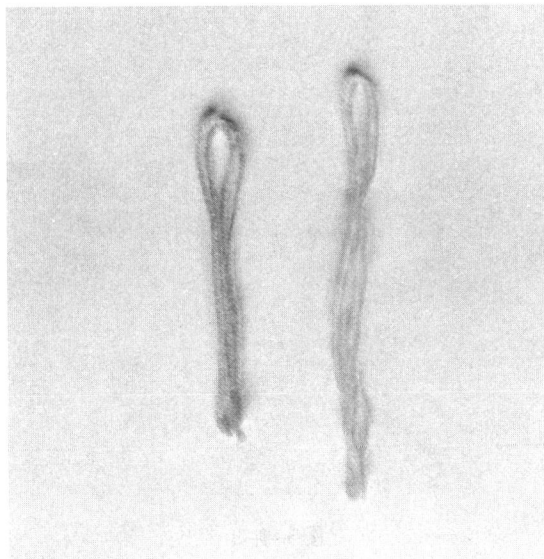

图5-1-6

第七步：用黄色的毛线拴好（如图5-1-7）；

图5-1-7

第八步：将多余的黄色毛线裁剪掉（如图5-1-8）；

图5-1-8

第九步：将粉红色、紫色的花朵固定在黄色彩纸上（如图5-1-9）；

图5-1-9

（三）适宜场景：中班手工课、环境创设、区角创设等。

二、毛线绒贴画

（一）基本材料和工具：卡纸、剪刀、各色毛线、铅笔、眼睛饰品、双面胶或白乳胶。

（二）制作方法：

第一步：在卡纸上用铅笔画出小兔子底稿（如图5-1-10）；

图5-1-10

第二步：在底稿上贴上双面胶或者涂上白乳胶（如图5-1-11）；

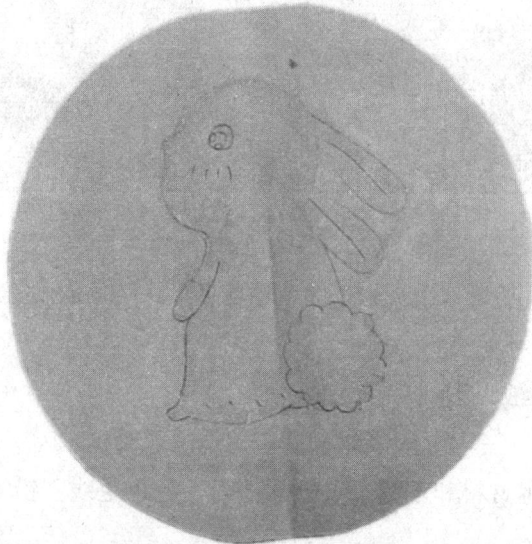

图5-1-11

第三步：给小兔子贴上眼睛（如图5-1-12）；

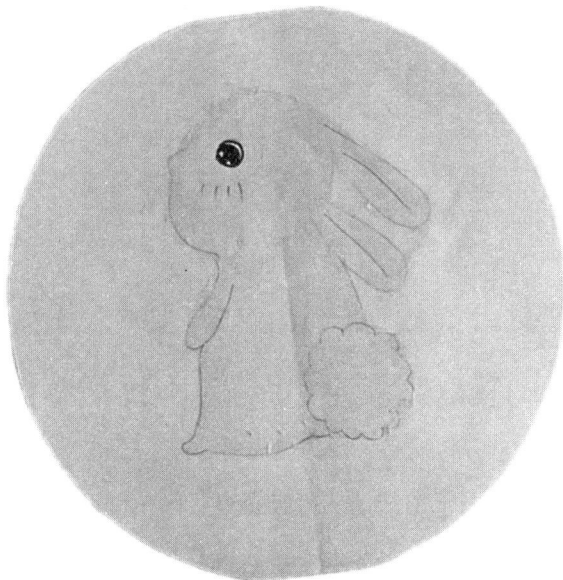

图5-1-12

第四步：用红色的毛线把画线的地方都贴上（如图5-1-13）；

图5-1-13

第五步：把白色的毛线剪成碎绒，然后把毛线绒粘上去，简单的小兔子毛线绒贴画就完成了（如图5-1-14）。

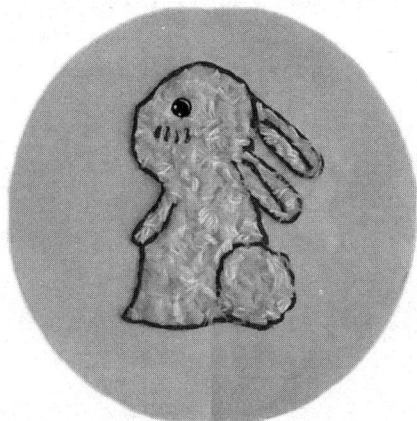

图5-1-14

（三）适宜场景：手工活动、班级布置、区角创设等。

三、毛线花

（一）基本材料和工具：不同颜色的毛线、毛球、毛梳、热熔胶枪、铁丝、剪刀。

（二）制作方法：

第一步：用黄色的毛线缠绕在手上，多缠绕几圈（如图5-1-15）；

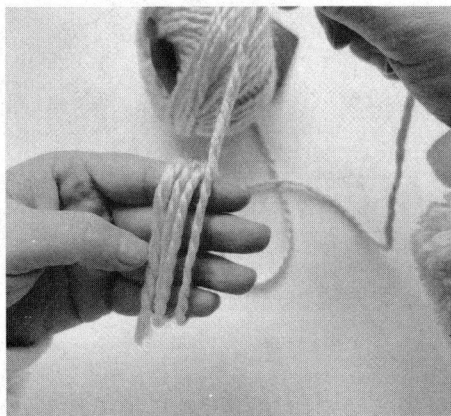

图5-1-15

第二步：用白色的细线从中间绑住（如图5-1-16）；

图5-1-16

第三步：用剪刀把两边剪开（如图5-1-17）；

图5-1-17

第四步：用刷子把毛线梳开（如图5-1-18）；

图5-1-18

第五步：在梳开的毛线球中间加上白色的毛球作为花蕊（如图5-1-19）；

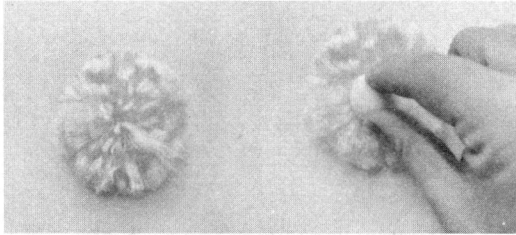

图5-1-19

第六步：用一根铁丝缠上绿色的毛线作为花秆，并用热熔胶枪在花秆一端打上胶粘贴到已经做好的花朵上（如图5-1-20）；

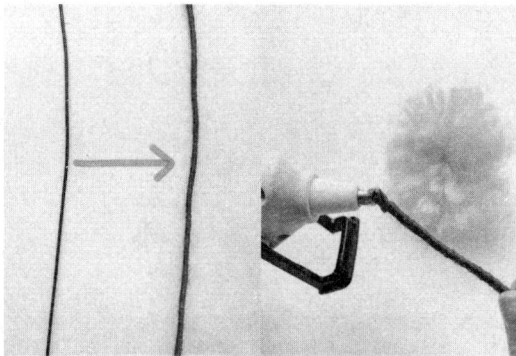

图5-1-20

第七步：再整理一下花瓣，一朵毛线花就做好了（如图5-1-21）；

图5-1-21

第八步：多做几朵不同颜色、不同形状的毛线花，根据毛线裁剪长度和刷毛的程度不同，花朵会呈现各种不同的形态，插在一起更好看（如图5-1-22）。

图5-1-22

四、毛线编织小动物

（一）基本材料和工具：一个3mm的钩针、一卷蓝色毛线、两个直径2mm的眼睛道具、热熔胶枪、剪刀、针线盒。

（二）制作方法：

第一步：第一圈环形起针钩织六个短针，共六针（如图5-1-23）；

图5-1-23

第二步：第二圈钩织六个加针，共十二针（如图5-1-24）；

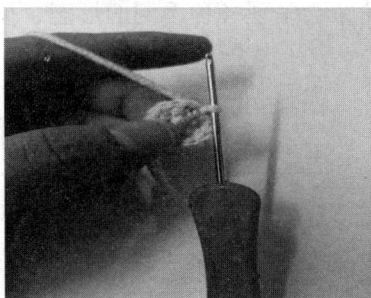

图5-1-24

第三步：第三圈钩织一个短针，一个短针加针，重复钩织六次，共十八针（如图5-1-25）；

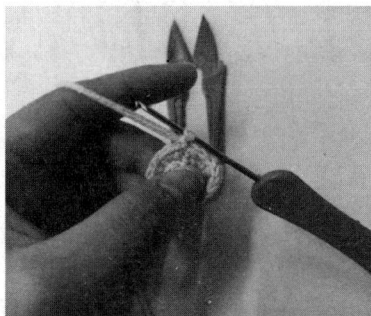

图5-1-25

第四步：第四圈两个短针，一个短针加针，重复钩织六次，共二十四针（如图5-1-26）；

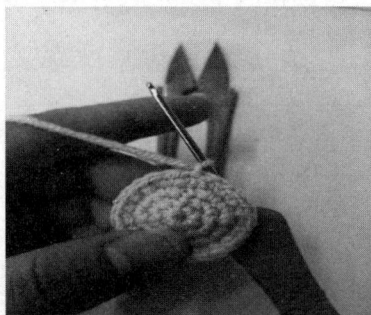

图5-1-26

第五步：第五圈到第九圈不加不减，每一圈都是二十四个短针（如图5-1-27）；

图5-1-27

第六步：第十圈挑起后半针钩织，两个短针一个短针减针，重复钩织六次，共十八针（如图5-1-28）；

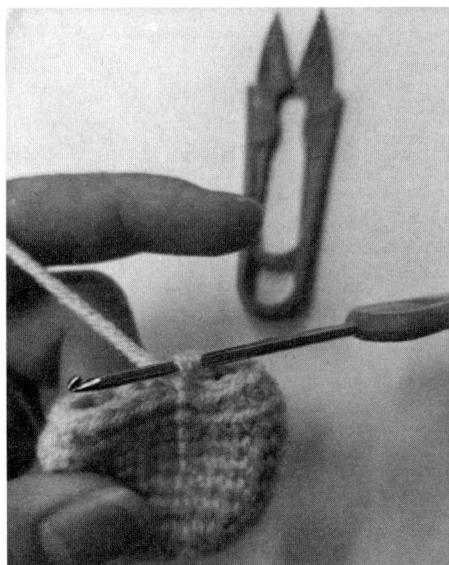

图5-1-28

第七步：第十一圈钩织一个短针一个短针减针，重复钩织六组，共十二针，钩织完成之后向里面塞入棉花（如图5-1-29）；

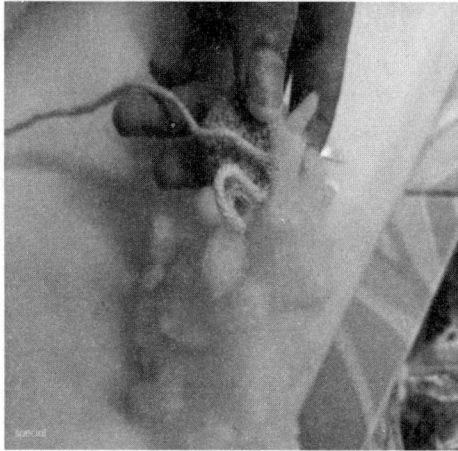

图5-1-29

第八步：第十二圈钩织六个短针减针，共六针（如图5-1-30）；

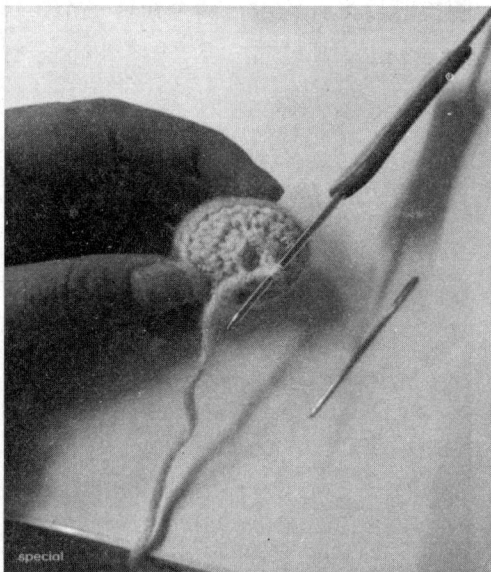

图5-1-30

第九步：钩织完成后用缝合针挑起六个外半针，拉紧线头，将多余的线头藏入挂件中（如图5-1-31）；

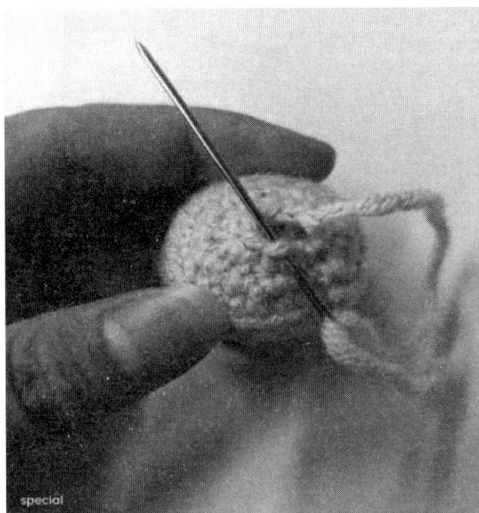

图5-1-31

第十步：先立两个锁针，然后在一针里面钩织三个长针，一共重复二十四组（如图5-1-32）；

图5-1-32

第十一步：将准备好的眼睛用热熔胶粘在挂件上，再给水母缝上嘴巴，将挂绳挂在水母上（如图5-1-33）。

图5-1-33

（三）适宜场景：环境创设，教具制作。

五、毛线玩教具作品欣赏

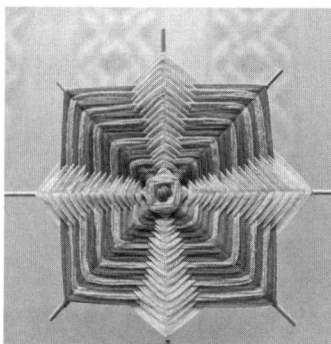

图5-1-34

图5-1-35

图5-1-36

图5-1-37

图5-1-38

图5-1-39

图5-1-40

图5-1-41

第二节　其他绳材料与玩教具的结合

一、麻绳装饰画

（一）基本材料和工具：油画相框、彩色麻绳（黄色、绿色、本色）、剪刀、铅笔、热熔胶枪、棉麻粗布。

（二）制作方法：

第一步：在油画相框上用铅笔打底稿（如图5-2-1）；

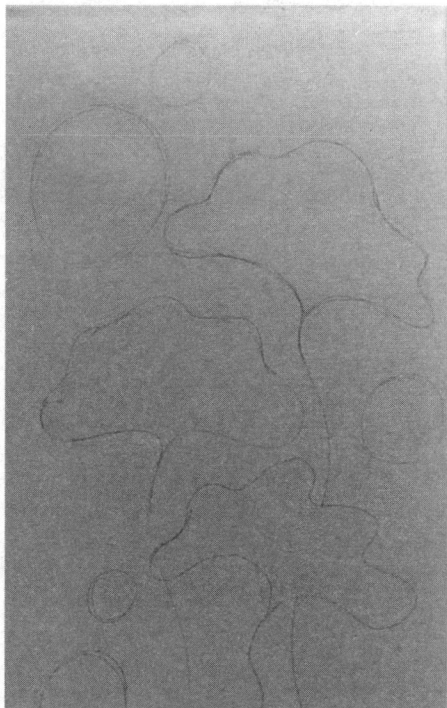

图5-2-1

第二步：在线稿上用热熔胶枪给银杏叶外缘打上热熔胶（如图5-2-2）；

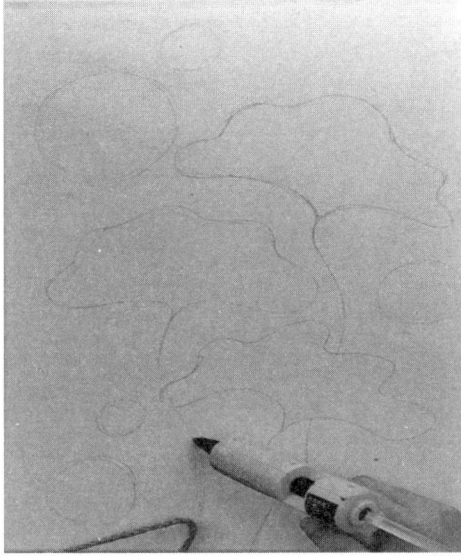

图5-2-2

第三步：在打胶的地方用本色的麻绳围起来（如图5-2-3）；

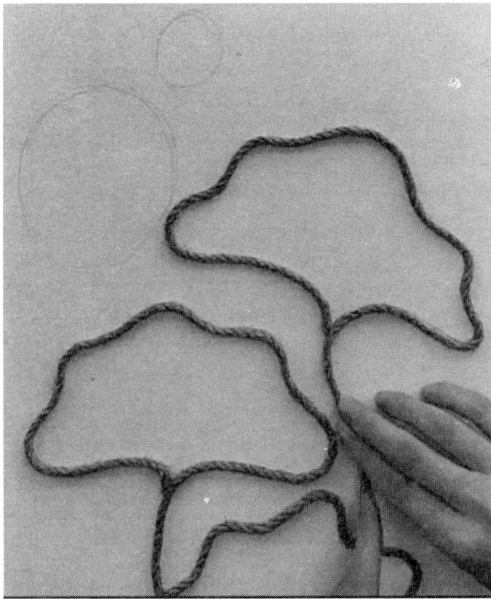

图5-2-3

第四步：用黄色和绿色的麻绳填充叶子里面（如图5-2-4）；

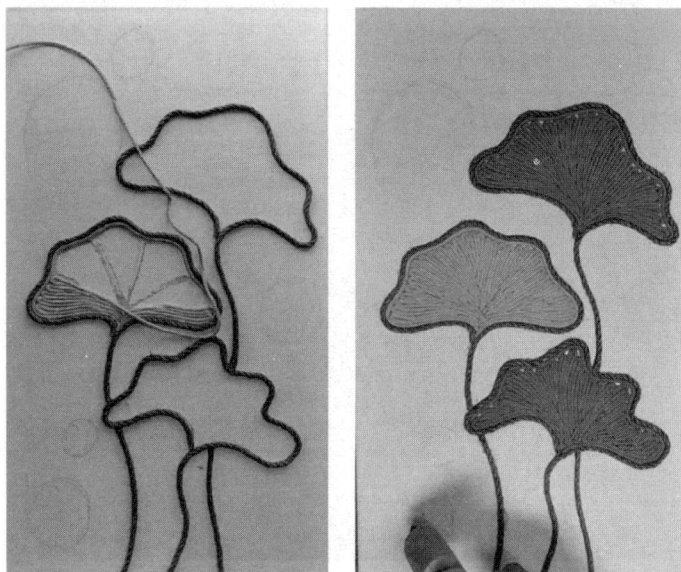

图5-2-4

第五步：用本色的麻绳做装饰（如图5-2-5）；

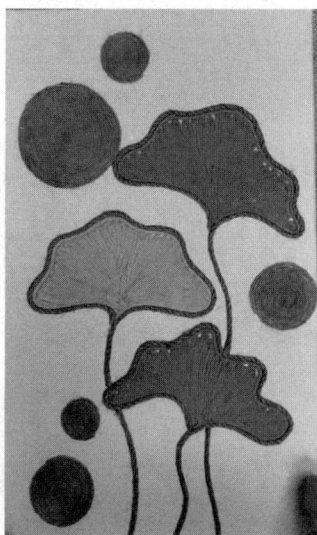

图5-2-5

第六步：在空白的地方粘上棉麻粗布，麻绳装饰画就完成了（如图5-2-6）。

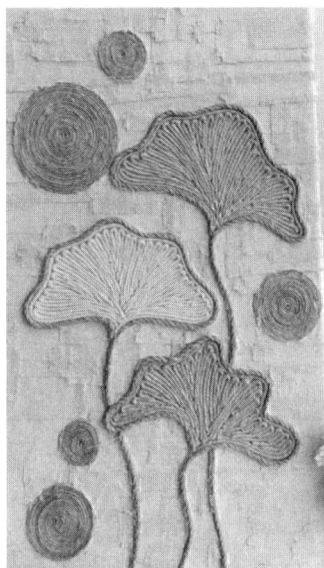

图5-2-6

（三）适宜场景：环境创设、区角创设、班级布置等。

二、纸绳粘贴画

（一）基本材料和工具：卡纸（木板或相框）、各种颜色的纸绳、剪刀、双面胶、白乳胶、铅笔。

（二）制作方法：

第一步：在卡纸或木板（相框）上用铅笔画上底稿（如图5-2-7）；

图5-2-7

161

第二步：给底稿贴上双面胶（如图5-2-8）；

图5-2-8

第三步：根据线稿先贴轮廓（图5-2-9）；

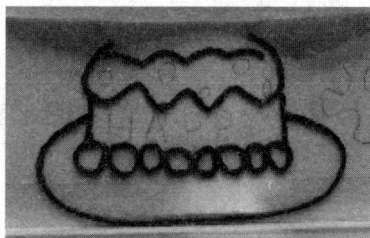

图5-2-9

第四步：贴好轮廓的地方开始绕纸绳（尽量往一个方向绕），粘贴一个部分，撕掉一个部分的双面胶（如图5-2-10）；

图5-2-10

第五步：粘贴的时候一定要注意压紧，粘贴完后，如果有翘起来的地方，再用白乳胶粘贴并压紧（如图5-2-11）。

图5-2-11

（三）适宜场景：手工活动、环境创设、班级布置。

（四）纸绳粘贴画欣赏

图5-2-12

图5-2-13

图5-2-14

图5-2-15

图5-2-16

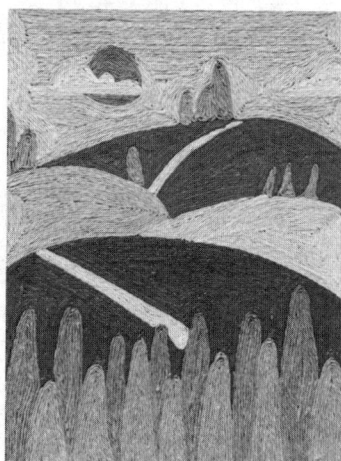

图5-2-17

图5-2-18　　　　　　　　　　图5-2-19

第三节　绳材料和其他材料的混合使用

一、小狮子

（一）基本材料和工具：硬纸板、不织布、剪刀、热熔胶枪、麻绳。

（二）制作方法：

第一步：把硬纸板剪出一个大圆和一个小一点的圆环（如图5-3-1）；

图5-3-1

165

第二步：把剪好的麻绳系在圆环上（如图5-3-2）；

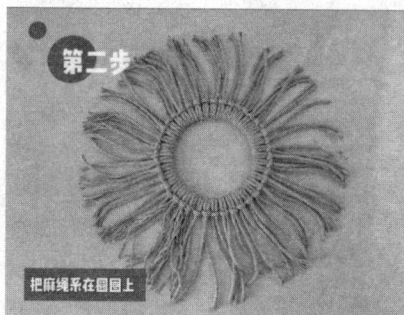

图5-3-2

第三步：把麻绳的穗穗打散，用来做狮子的鬃毛（如图5-3-3）；

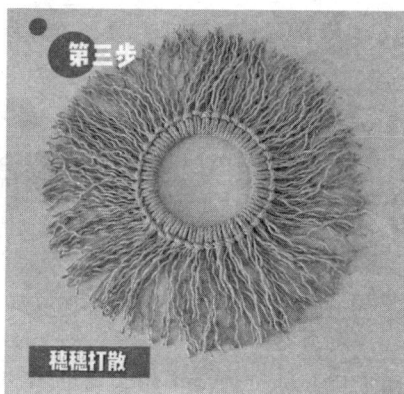

图5-3-3

第四步：使用硬纸板的不织布剪出配件的形状（如图5-3-4）；

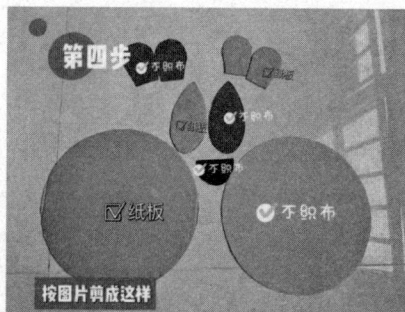

图5-3-4

第五步：用胶枪把不织布粘贴到纸板上（如图5-3-5）；

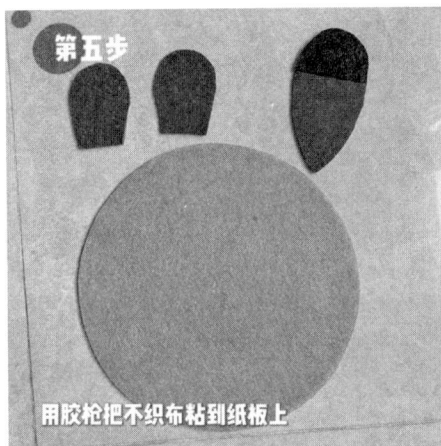

图5-3-5

第六步：把小狮子的耳朵和嘴巴等部件粘贴好（如图5-3-6）；

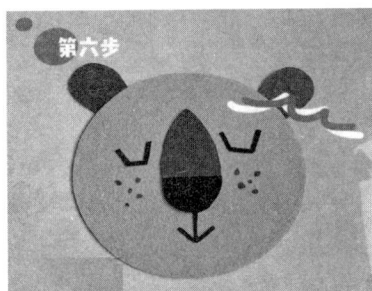

图5-3-6

第七步：把鬃毛和脸粘贴到一起（如图5-3-7）；

图5-3-7

第八步：在背后粘上纸板，防止胡须掉下来（如图5-3-8）；

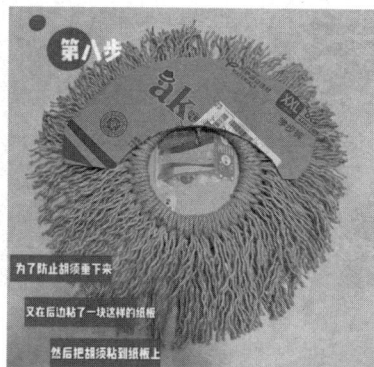

图5-3-8

第九步：小狮子就做好啦（如图5-3-9）。

图5-3-9

（三）适宜场景：手工活动、环境创设、班级布置、区角布置、主题活动等。

二、装饰画框

（一）基本材料和工具：麻绳、一次性筷子（四双）、热熔胶枪、一些干花。

（二）制作方法：

第一步：分别给八支筷子缠上麻绳，然后使用热熔胶枪固定好（如图

5-3-10）；

图5-3-10

第二步：把八支筷子错落排列成如图所示的正方形，并用热熔胶固定（如图5-3-11）；

图5-3-11

第三步：剪六根比一次性筷子长一点的麻绳，并呈网格式固定到相框上（如图5-3-12）；

图5-3-12

第四步：把固定好的相框装饰上干花，也可以粘贴上一张照片（如图5-3-13）；

图5-3-13

第五步：干花装饰品就完成了（如图5-3-14）。

图5-3-14

（三）适宜场景：手工活动、环境创设、区角创设等。

第六章　泥材料玩教具的制作

陈鹤琴先生说过："大自然、大社会都是活教材。"泥土是大自然的恩赐，玩泥巴是儿童感受自然、探索自然的一种最简单、最天然、最便捷的方式。泥是一种很好的制作儿童玩教具的材料，它能够激发儿童的想象力和创造力，增强儿童的手部肌肉力量和手眼协调能力、触觉和空间感知能力。

一、泥塑玩教具的历史发展

泥塑作为中国传统艺术形式有着数千年的历史，而如今大家所熟知的橡皮泥、黏土等材料也已经成为一种能够代替泥的材料。

二、泥塑玩教具的材料种类

常见的泥材料有橡皮泥、超轻黏土、陶土等，每个种类都有各自独特的优点。比如说，橡皮泥质地柔软易捏，不会干裂；超轻黏土柔软易造型，颜色丰富；黏土更加坚硬，适合制作需要保持形状和结实度更高的作品；陶土则可以进行彩绘和刻画等细致处理。

三、泥塑玩教具的形式

根据不同年龄段儿童的需求，教具可以包括基础造型（如板块拼接、表情变化等）、模仿模型、拓扑模型、造型剪影、泥土画等多种形式。同时，也可以结合其他儿童玩具元素，例如运用色彩、积木等进行泥塑创作。

四、泥塑玩教具对特殊儿童的意义

泥土对儿童有很多好处。首先，泥土可以让儿童接触到大自然，感受到自然的美妙和神奇。此外，玩泥土可以促进儿童的身体发育、提高儿童的手眼协调能力，泥土所带有的特殊的触感和气味可以增强儿童的感官体验和探索精神。在泥土中挖洞、建造城堡等活动，还可以激发儿童的想象力和创造力，开阔他们的思维视野。同时，泥土也是儿童学习合作和分享等社交技能的好工具。

泥材料玩教具不仅能够促进幼儿发展精细动作，培养儿童的观察力、想象力，还可以鼓励他们自主学习和发挥创造力。同时，能够加强空间感知和触觉感知能力，还可以让儿童学会从不同的角度看待事物，泥巴的菌群还能提高儿童身体的免疫能力，让幼儿获得良好的情绪体验，放松身心，对幼儿的身心健康也很有益处。

第一节　泥土的运用

泥工俗称"泥塑""泥玩"。泥塑艺术是我国古老的民间艺术之一，其发展历史可追溯到4000至1万年前的新石器时代，是一种重要的艺术门类。泥土作为玩教具材料来说，其可塑性强、想象空间大、艺术成分高，且色彩鲜艳、形象逼真、容易操作，是幼儿喜爱的活动之一。泥塑不仅能训练幼儿的视觉、触觉和动觉之间的配合，而且还可以激发幼儿的想象力等。

一、植物拓印画

（一）基本材料和工具：泥土（或黏土）、树枝、各种植物或叶子、石头或擀面杖、绳子、海绵、颜料。

（二）制作方法：

第一步：用有黏性的泥加水，和泥，按压排出空气，并把揉好的泥土压平整；

第二步：在泥土中间放上一株好看的植物或一片好看有纹理的树叶；

第三步：使用石头或擀面杖将植物轻轻压入泥土之中；

第四步：用树枝在泥土上方戳两个孔，并穿上绳子；

第五步：把泥土晾干后，用海绵蘸颜料上色，植物拓印匾就完成了（如图6-1-1）。

图6-1-1

（三）适宜场景：手工课、自然教育、环境创设、主题活动等。

二、陶土小猫

（一）基本材料和工具：陶土。

（二）制作方法：

第一步：取一块陶土搓圆（如图6-1-2）；

图6-1-2

第二步：在搓圆的基础上搓成粗长条（如图6-1-3）；

图6-1-3

第三步：在一端捏出尾巴和脚的雏形（如图6-1-4）；

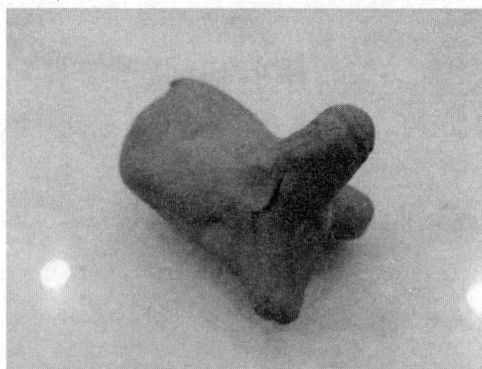

图6-1-4

第四步：在另一端捏出头和前爪的雏形（如图6-1-5）；

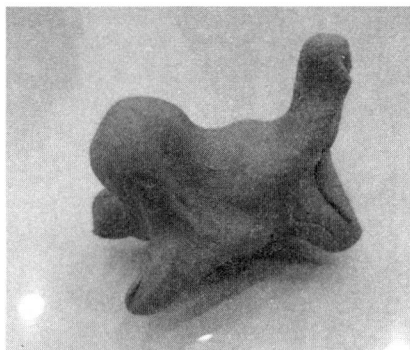

图6-1-5

第五步：捏出小猫咪的大致形状（如图6-1-6）；

图6-1-6

第六步：捏出耳朵，磨平裂缝和凸显出来的地方（图6-1-7）；

图6-1-7

第七步：细化细节，小猫就完成了（如图6-1-8）。

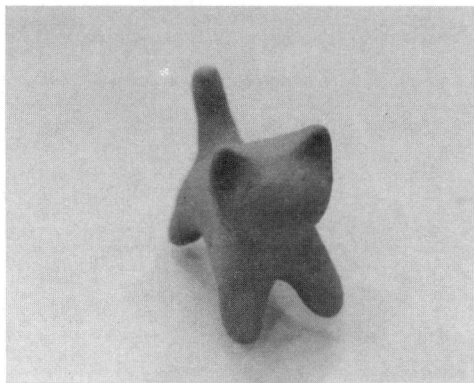

图6-1-8

（三）适宜场景：手工活动、自然教育、环境创设、主题活动等。

三、泥塑作品欣赏

图6-1-9　遵义市特殊教育学校学生作品

图6-1-10　遵义市特殊教育学校学生作品

图6-1-11　遵义市特殊教育学校学生作品

图6-1-12　遵义市特殊教育学校学生作品

第二节　其他种类泥材料的运用

儿童玩教具领域常见的泥材料有橡皮泥、超轻黏土。这两种材料相对于陶土来说，有其自身的优缺点，其优点是成本较低、容易造型、颜色鲜艳且易保证干净，缺点是要确保其符合安全生产的标准。

橡皮泥和超轻黏土的制作技法包括：团、搓、压、捏、拉伸、挑、剪、接、切、划等。橡皮泥和超轻黏土可以用于多种场景，既可单独造型，也可搭配其他材料进行玩教具的制作，使用场景丰富，是幼儿园常用的材料之一。

一、黏土花朵

（一）基本材料和工具：超轻黏土（白色、红色）、双面胶、蝴蝶结、彩色吸管。

（二）制作方法：

第一步：把白色和红色的超轻黏土搓成长条（如图6-2-1）；

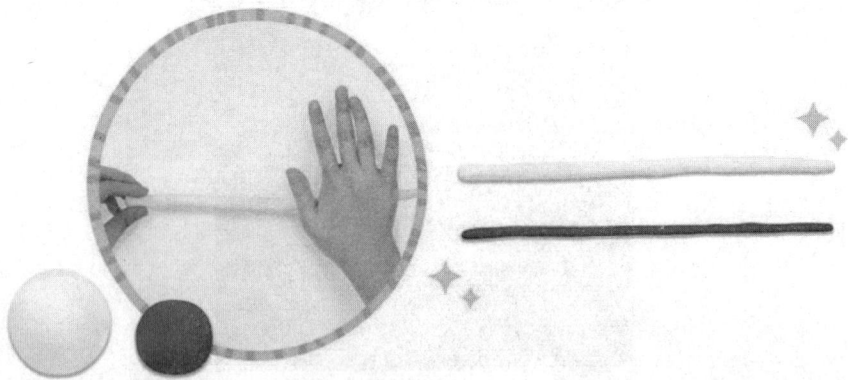

图6-2-1

第二步：把搓好的黏土长条拧在一起（如图6-2-2）；

图6-2-2

第三步：把拧好的长条在桌子上搓一下，让两种颜色的超轻黏土粘在一起（如图6-2-3）；

图6-2-3

第四步：把搓好的黏土条卷成圆形，并把彩色吸管按压到上面（如图6-2-4）；

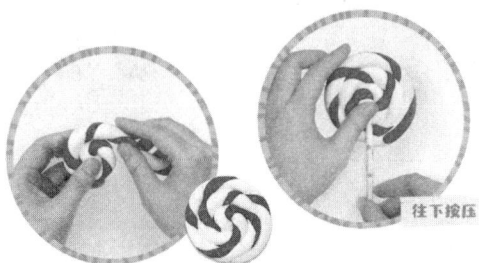

图6-2-4

第五步：用双面胶把准备好的蝴蝶结粘到吸管上，彩色棒棒糖就完成了（如图6-2-5）。

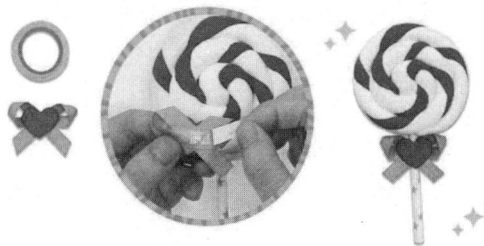

图6-2-5

（三）适宜场景：手工课、环境创设、班级布置、区角布置。

二、梅花画

（一）基本材料和工具：圆形卡纸、超轻黏土（红色、黄色、棕色）、黏土工具、颜料刷、白色颜料、颜料盘。

（二）制作方法：

第一步：用红色的超轻黏土搓出五个小圆形（如图6-2-6）。

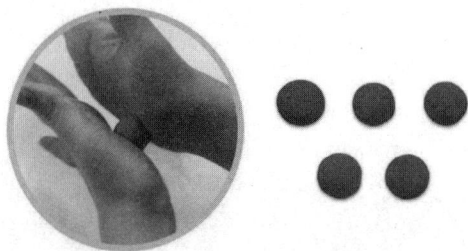

图6-2-6

第二步：把五个小圆形组合在一起，并用黏土工具压出花纹（如图6-2-7、图6-2-8）；

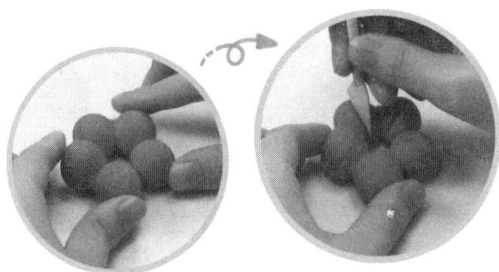

图6-2-7

图6-2-8

第三步：取黄色的超轻黏土，搓成一个小圆放在中间做花蕊（如图6-2-9）；

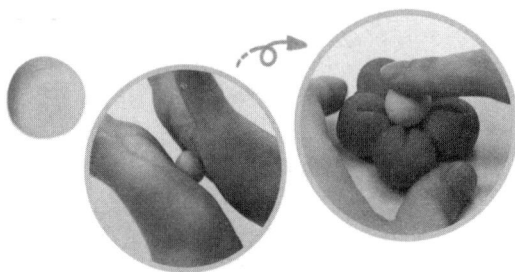

图6-2-9

第四步：做出大小不一的五朵梅花（如图6-2-10）；

图6-2-10

第五步：用棕色的超轻黏土搓成长条贴到圆形卡纸上，做成树枝的形状（如图6-2-11、图6-2-12）；

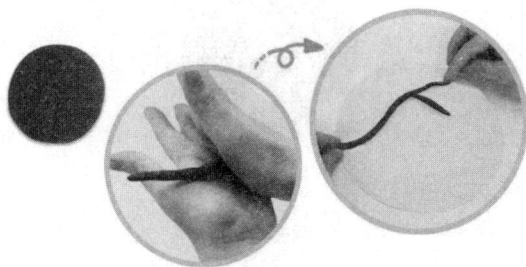

图6-2-11

图6-2-12

第六步：把做好的梅花粘到树枝上（如图6-2-13）；

图6-2-13

第七步：用颜料画笔把白色的颜料涂在树枝和点到花朵上，形成雪的样子（如图6-2-14）；

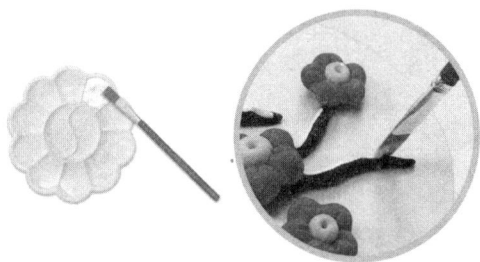

图6-2-14

第八步：梅花画就完成了（如图6-2-15）。

图6-2-15

（三）适宜场景：手工课、环境创设、班级布置、区角布置、冬季及传统文化等主题活动。

三、黏土胸针

（一）基本材料和工具：多种颜色的超轻黏土、勾线笔、彩色笔、黏土工具棒、别针。

（二）制作方法：

第一步：制作妈妈的头部

1. 用棕色黏土做出妈妈头发的形状（如图6-2-16、图6-2-17）；

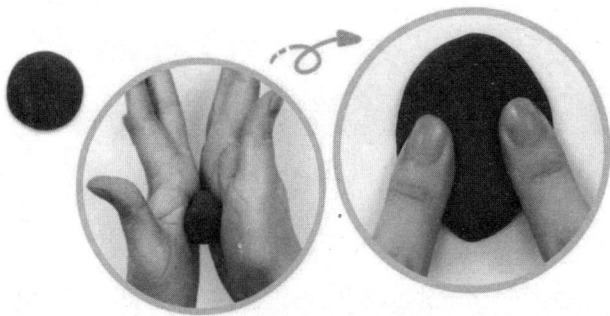

图6-2-16

图6-2-17

2. 用肤色黏土制作妈妈的面部和耳朵（如图6-2-18至图6-2-21）；

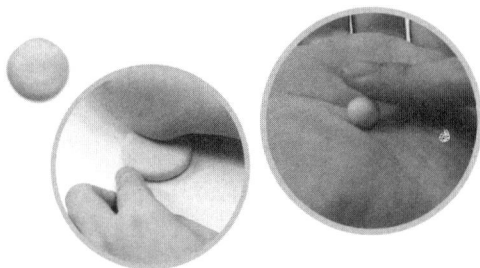

图6-2-18

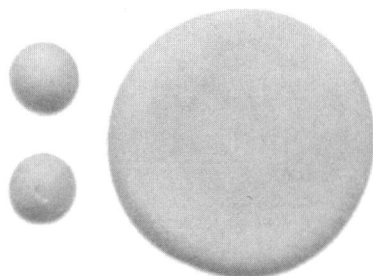

图6-2-19

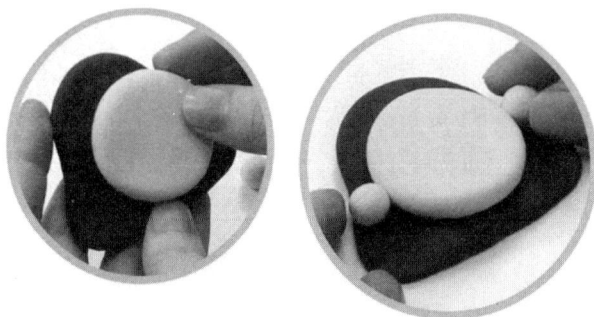

图6-2-20

图6-2-21

3. 用棕色黏土做出刘海（如图6-2-22）；

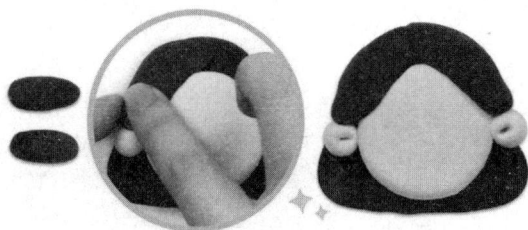

图6-2-22

第二步：制作妈妈的五官

1. 用工具给耳朵压出形状，用彩色笔画出眼睛和嘴巴（如图6-2-23、图6-2-24）；

图6-2-23

图6-2-24

2. 用粉色黏土做出腮红（如图6-2-25）；

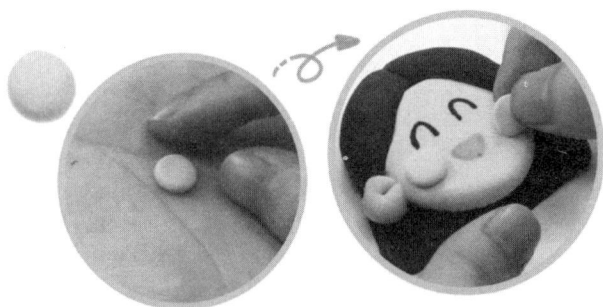

图6-2-25

3. 用黑色的彩色笔画出头发的细节（如图6-2-26）；

图6-2-26

第三步：制作妈妈的衣服；

1. 用白色的黏土压平并切出衣服的形状（如图6-2-27）；

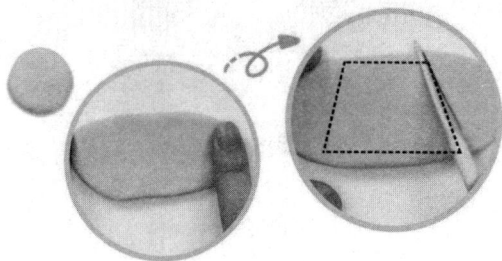

图6-2-27

2. 用淡蓝色的黏土做两个半圆，做成衣服的领子（如图6-2-28、图6-2-29）；

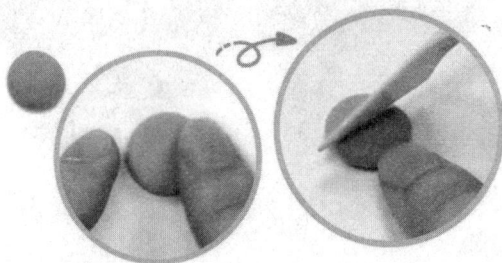

图6-2-28

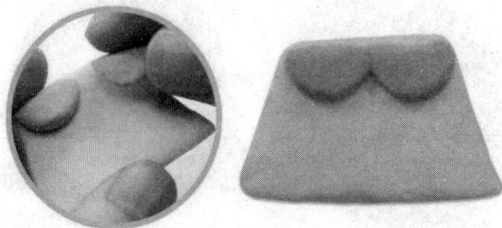

图6-2-29

3．把衣服和头部粘在一起（如图6-2-30）；

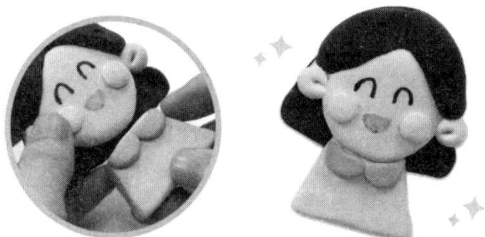

图6-2-30

第四步：将别针粘到黏土背后（如图6-2-31）；

图6-2-31

第五步：完成（如图6-2-32）。

图6-2-32

（三）适宜场景：手工课、母亲节、感恩节等主题活动。

四、小怪兽黏土画

（一）基本材料：硬卡纸、多种颜色的超轻黏土。

（二）制作方法：

第一步：准备超轻黏土和一张硬卡纸；

第二步：拿出任意颜色搓成小圆球（如图6-2-33）；

图6-2-33

第三步：将搓好的小圆球用手压扁在硬卡纸上（如图6-2-34）；

图6-2-34

第四步：选用其他颜色的超轻黏土用同样的方法将其压扁在卡纸上（如图6-2-35）；

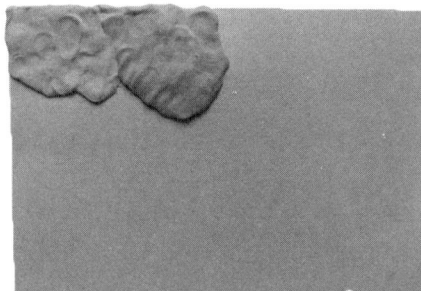

图6-2-35

第五步：用不同颜色的超轻黏土任意压在卡纸上，将整张卡纸铺满（如图6-2-36）；

图6-2-36

第六步：拿出白色超轻黏土和其他任意颜色用来做每个色块超轻黏土的五官（如图6-2-37）；

图6-2-37

第七步：根据自己喜好任意捏出五官（如图6-2-38）；

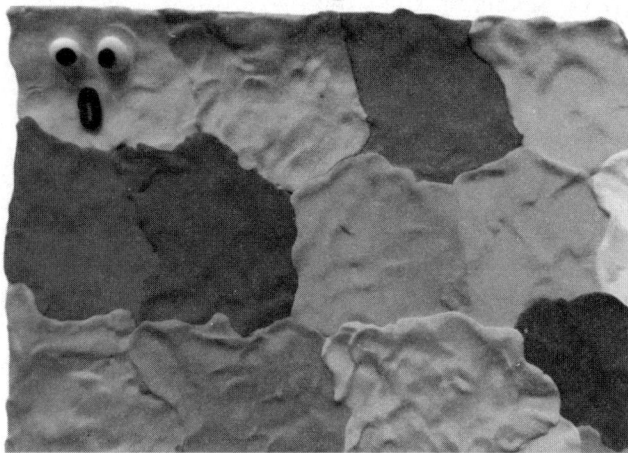

图6-2-38

第八步：为每一个色块超轻黏土捏出五官和装饰（如图6-2-39）。

图6-2-39

（三）适合场景：手工课、环境创设、班级布置、区角布置等。

五、超轻黏土手工制作图解

（一）小绵羊

图6-2-40

（二）大象

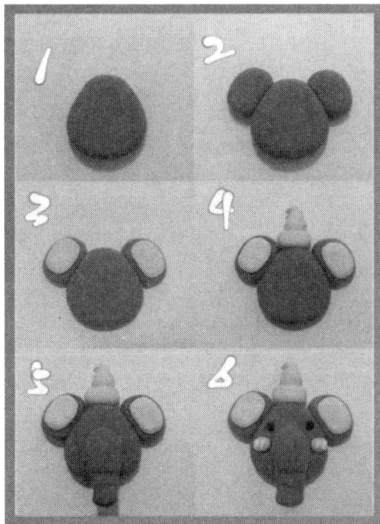

图6-2-41

（三）向日葵

图6-2-42

（四）小鸭子

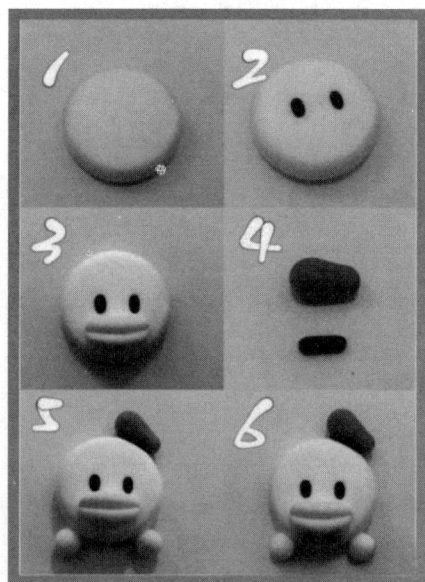

图6-2-43

（五）小青蛙

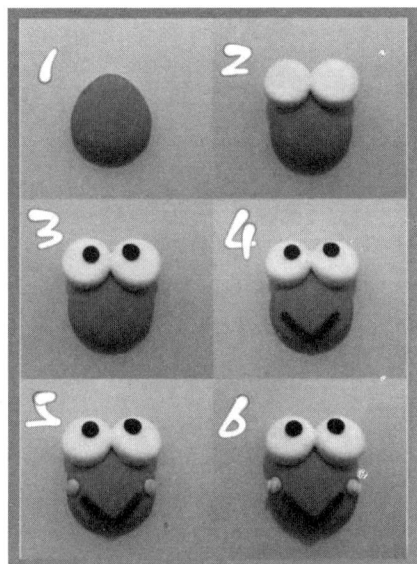

图6-2-44

（六）小鸡

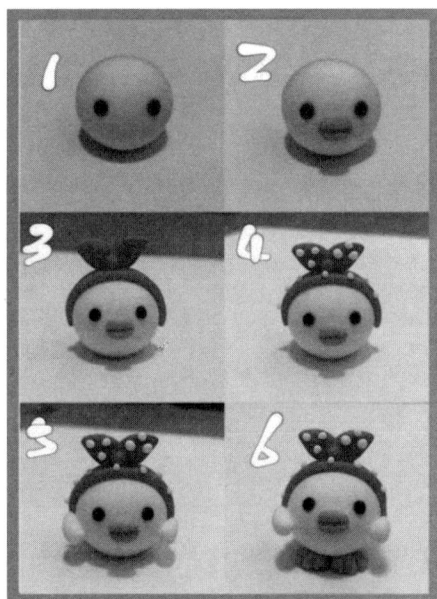

图6-2-45

六、橡皮泥及超轻黏土作品欣赏

 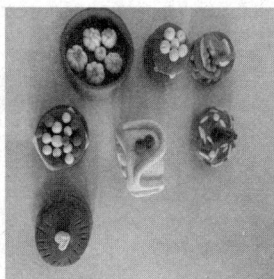 

图6-2-46   图6-2-47   图6-2-48

图6-2-49

图6-2-50

图6-2-51

凤冈县特殊教育学校学生作品

图6-2-52

图6-2-53

图6-2-54

图6-2-55

第七章　自然生活材料、环保再生材料玩教具的制作

著名教育家陈鹤琴先生说过："大自然是我们的知识宝库，大社会是我们的生活宝库，是我们的活教材。"生命源于自然，生命与自然是一个整体，婴幼儿从出生开始，便带着对自然的觉知，在幼儿眼中，大自然神秘、自在、丰富、可触摸。亲近大自然，是儿童的天性，可以用眼睛看、用手去触摸、用心去感受，奇妙的大自然是儿童学习的天然课堂，更是孩子成长的快乐园地。

蒙台梭利认为大自然已经安排好了一切，我们只要遵循秩序，这就是自然教育理念。不能把重点放在外在，要关注内在的生长节律，按照儿童的身心成长规律来进行教育。

夸美纽斯认为自然包含两个方面的含义，第一层含义是指自然界中的普遍法则或规律，夸美纽斯称它为秩序。他在《大教学论》中指出："秩序是把一切事物教给一切人们的教学艺术的主导原则。""改良学校的基础应当是万物的秩序。"也就是说，教育教学必须模仿和借鉴自然的"规律"。第二层意思是指人与生俱来的天性，夸美纽斯认为遵循天性、发挥天性，是教育的首要之义。

卢梭是真正意义上把自然主义教育概念作为一个专有名词提出的重要人物，他还发现了教育的自然法。他认为在儿童还不能去理解外界事物时，教育应该完全交给自然。他说所谓的自然教育就要遵循我们内在器官的发展顺序及成熟度。卢梭认为教育或是受制于自然，或是受制于人，或是受制于事物，从而提出自然的教育、人的教育和事物的教育。在卢梭看来，三种教育必须协调一致，才能获得良好的教育。

　　自然教育理念下的幼儿教育，不管是在室内还是户外，老师们除了提供大自然该有的原始状态的资源外，还应该提供相应的游戏材料，游戏材料必须是经过教师仔细挑选的、符合幼儿游戏的天性，即安全的、可以让幼儿去思考和自主探索的。幼儿园把大自然的资源引入，或者说有了让幼儿园成为大自然的一部分的意识，目的就是让孩子在自然之中进行探寻，幼儿的所有行为与自然保持一致。儿童在这样的环境中，他们的好奇心从未停止，他们自由自在，和天地、自然保持心灵相通。

　　使用自然材料和生活材料制作儿童玩教具可以帮助儿童亲近大自然和生活、了解大自然、尊重大自然、热爱生活，也能提高孩子的创造力和想象力，增强他们学习和记忆力。

　　在幼儿园中的自然角是环境创设的一个重要组成部分，是幼儿认识自然、了解自然的窗口，是幼儿探索学习、体验劳动的场所。小小的自然角其实蕴藏着无限的教育契机。

　　用于制作玩教具和环境创设的自然材料有泥土、石头、各种植物等等，不同的材料可以结合使用，可以呈现出不同的效果，还可以结合其他的材料使用，使我们的玩教具类型更丰富，环境创设更有活力。

第一节　自然材料的利用

　　石头是自然界中最常见的物质之一，而且在我们的生活中也是非常重要的。在幼儿成长的过程中，让他们了解和认识石头的重要性，不仅有助于他们接受自然教育，而且也有助于他们认知和想象能力的提高。帮助幼儿深入了解石头的特性和意义，并且通过多种学习活动，启发幼儿的好奇心和创造力。在自然教育手工课程中，幼儿将会学到石头的来源、分类、形状、颜色、大小以及石头在我们日常生活中的用途等知识。他们通过亲自观察、触摸、感受和利用石头来探索这些知识，同时还将通过与其他孩子一起合作、分享和探索，发展自己的社交和沟通能力。此外，在课程中，我们还会引导幼儿们充分发挥自己的创造力，通过进行创意艺术和手工制作等活动，将石头变成一个个美丽的艺术品和实用的工艺品。这些经历将会帮助幼儿了解到事物的多样性、去探索和发挥自己的想象力，从而促进他们的综合发展。

通过这个石头自然教育课程，希望幼儿能够了解和热爱自然界中更多的物质和事物，并且能够通过自己的经验和创造力去发现和探索更多的奇妙和美好。同时，也希望儿童的创造力得以发挥并且在这个过程中感到乐趣和满足。

树叶也是我们日常生活中非常常见且在学前教育手工课程和环境创设中出现频率很高的一种材料，树叶形态各异、色彩斑斓，不同的树叶在不同的季节都会呈现出不同的状态，树叶是幼儿园制作玩教具最天然、最易得的材料，我们可以利用树叶的不同特征，对其进行组合、加工制作出不同的玩教具。这不仅能够激发幼儿了解大自然的兴趣，而且还能发挥儿童的创造力，培养动手能力和观察力。

自然材料利用表（一）

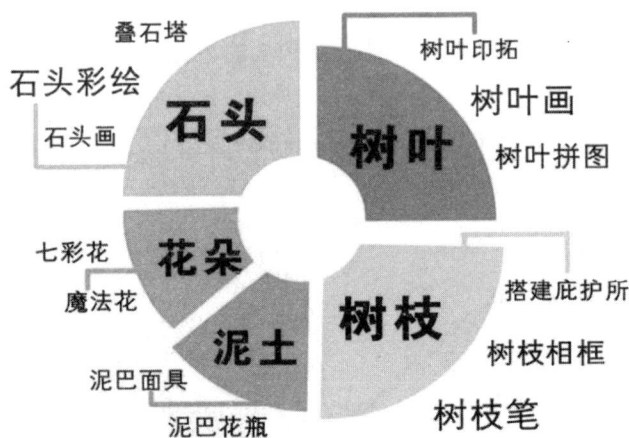

图7-1-1

自然材料利用表（二）

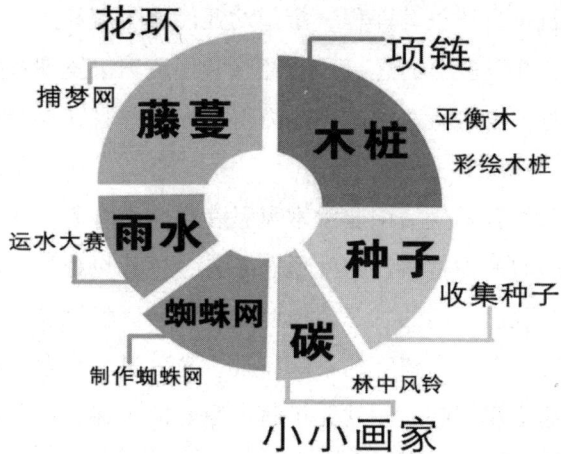

花环
捕梦网
藤蔓
运水大赛
雨水
蜘蛛网
制作蜘蛛网
碳
项链
平衡木
彩绘木桩
木桩
种子
收集种子
林中风铃
小小画家

图7-1-2

一、石头画

（一）基本材料和工具：石头、颜料、彩色笔、刷子、调色盘。

（二）制作方法：

第一步：给石头涂上白色的底色（如图7-1-3）；

图7-1-3

第二步：画出爸爸或其他造型并上色（如图7-1-4）。

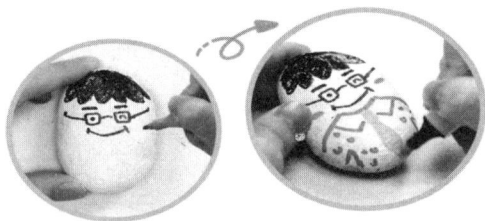

图7-1-4

（三）适宜场景：手工课、美术课、父亲节主题活动、环境创设、班级布置、区角布置。

（四）石头作品欣赏

图7-1-5

图7-1-6

图7-1-7

图7-1-8

图7-1-9

图7-1-10

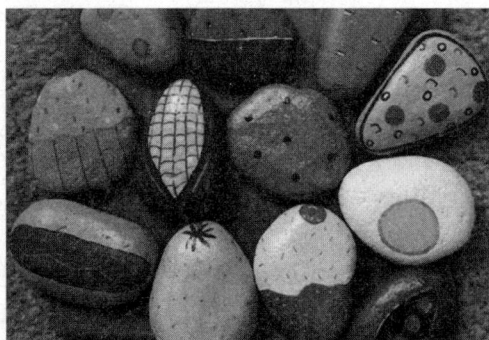

图7-1-11

二、树叶贴画

（一）基本材料和工具：不同颜色的卡纸、剪刀、油画棒、眼睛贴、双面胶、树叶。

（二）制作方法：

第一步：制作小刺猬

1. 用一张梧桐树叶剪出小刺猬身体的形状（如图7-1-12）；

图7-1-12

2. 用黄色的卡纸裁剪出一个半圆，作为小刺猬的头（如图7-1-13）；

图7-1-13

3. 用双面胶把半圆和梧桐树叶粘贴到一起（如图7-1-14）；

图7-1-14

4. 给小刺猬画上嘴巴、鼻子和眼睛（如图7-1-15）。

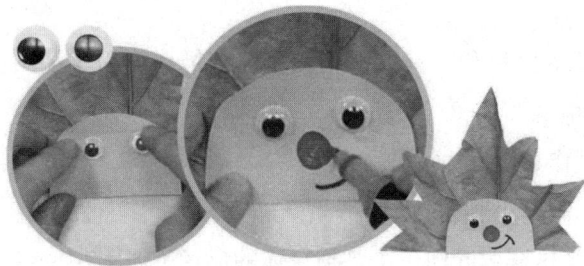

图7-1-15

第二步：制作另一个小刺猬（如图7-1-16）。

图7-1-16

第三步：画出树干，并粘贴树叶

1. 用油画棒在白色卡纸上画出树干（如图7-1-17）；

图7-1-17

2．把树叶撕成小块的（如图7-1-18）；

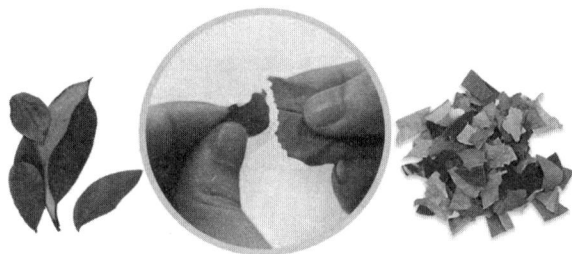

图7-1-18

3．用双面胶把树叶粘贴到树干上（如图7-1-19）；

图7-1-19

4．用双面胶把小刺猬贴到大树下（如图7-1-20）。

图7-1-20

第四步：用油画棒画上装饰物（如图7-1-21）。

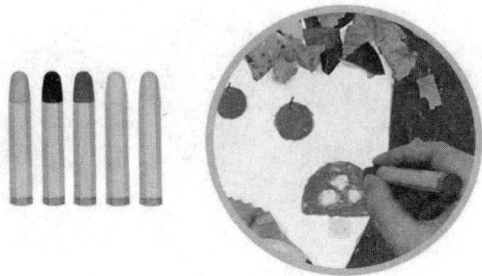

图7-1-21

（三）适宜场景：手工课、环境创设、班级布置、区角布置、秋天或自然教具等主题活动。

（四）树叶贴画欣赏

图7-1-22

图7-1-23

图7-1-24

图7-1-25

图7-1-26

图7-1-27

图7-1-28

图7-1-29

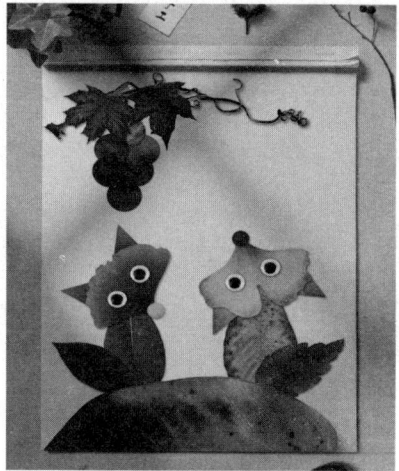

图7-1-30

三、树枝的使用

（一）树枝相框

1. 基本材料和工具：干净的树枝、剪刀、麻绳、好看的树叶和花朵。

2. 制作方法：

第一步：去户外收集一些干净的树枝和好看的树叶和花朵（如图7-1-31）；

图7-1-31

第二步：用剪刀将树枝剪成合适的长度（这一步，儿童可以让老师帮忙）（如图7-1-32）；

图7-1-32

第三步：选择几根合适的树枝，可以根据儿童的喜好摆成不同的形状，用麻绳把树枝相交的角固定起来，相框就做好了（如图7-1-33）；

图7-1-33

第四步：将树枝折成若干长短不一的小条，将小条用胶水随意粘贴在相框内部，相框底部不粘（图7-1-34）；

图7-1-34

第五步：在相框底部依次从长到短粘贴小树枝条（图7-1-35）；

图7-1-35

第六步：用树叶和花朵装饰相框（图7-1-36）；

图7-1-36

第七步：可以添加一些超轻黏土做成的装饰物（图7-1-37）；

图7-1-37

第八步：给树枝相框加一条麻绳，树枝相框就可以挂起来了。

3. 适宜场景：手工课、环境创设、区角创设、主题活动、亲子活动。

（二）树枝向日葵

1. 基本材料和工具：干树枝、硬纸壳、铅笔、热熔胶枪。

2. 制作方法：

第一步：在纸壳上画出圆形并裁剪下来（如图7-1-38）；

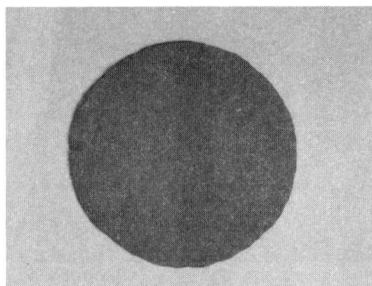

图7-1-38

第二步：在圆形里面用铅笔画出一个小圆（如图7-1-39）；

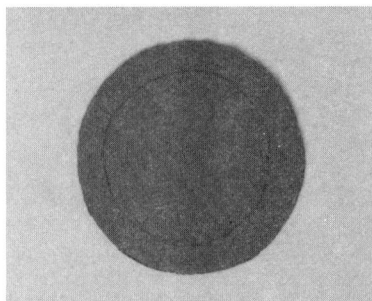

图7-1-39

第三步：将树枝折成大小一样的小条（如图7-1-40）；

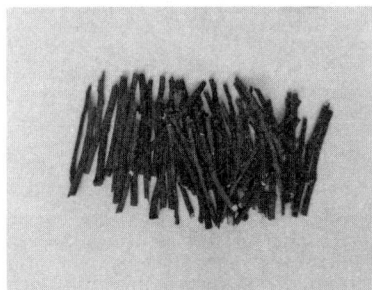

图7-1-40

第四步：用热熔胶将树枝条粘贴在小圆的边上（如图7-1-41）；

图7-1-41

第五步：将小条紧挨着依次粘贴（如图7-1-42）；

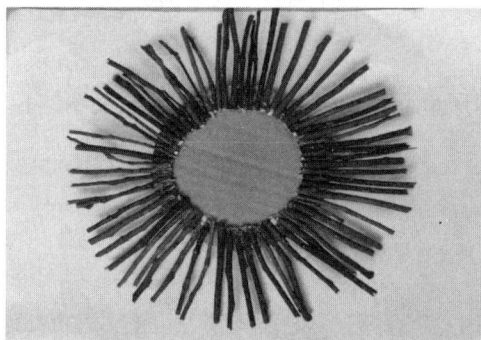

图7-1-42

第六步：粘好后在背面粘上树枝做表情，向日葵树枝画就完成了（如图7-1-43）；

图7-1-43

（三）树枝玩教具欣赏

图7-1-44

图7-1-45

图7-1-46

图7-1-47

图7-1-48

图7-1-49

图7-1-50

四、自然材料综合制作的玩教具欣赏

图7-1-51

图7-1-52

图7-1-53

图7-1-54

图7-1-55

图7-1-56

图7-1-57

图7-1-58

图7-1-59

第二节　生活材料与玩教具的结合

水果、蔬菜以及植物的果实、种子是日常生活中最为常见的物品，它们大多造型饱满、色彩鲜艳，能够引起儿童浓厚的兴趣和丰富的联想，对这些果蔬进行合理的加工与改造，就能成为理想的玩教具制作材料。

一、果蔬拼盘

根据果蔬的基本形状，启发儿童把它想象成与其形状相近的某种小动物或生活中常见的物品，然后利用切割、插接等方法来完成果蔬小动物或其他物品的造型。可以用某一种果蔬对其加工完成，也可以用几种不同的果蔬进行拼接组合来完成。

（一）基本材料和工具：猕猴桃、橙子、蓝莓、盘子、碗、水果刀、菜板。

（二）制作方法：

第一步：把橙子横切成大圆片（如图7-2-1）；

图7-2-1

第二步：猕猴桃去皮横切圆片，留三片备用，剩下的先切成条状，再切短，准备用来作为小熊的手和脚——手比脚稍短一些（如图7-2-2）；

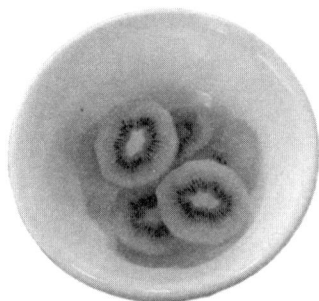

图7-2-2

第三步：取中间的两片橙子分别作为小熊的脑袋和身体摆放在盘子里面（如图7-2-3）；

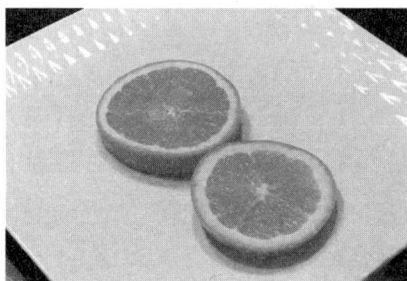

图7-2-3

第四步：猕猴桃片作为小熊的耳朵和口鼻，分别挑选大小合适的放在耳朵和口鼻位置，作为嘴巴的猕猴桃片需要稍微小一些（如图7-2-4）；

图7-2-4

第五步：把切好的猕猴桃丁放上去作为小熊的四肢，短一点的是手，长一点的是脚（如图7-2-5）；

图7-2-5

第六步：放一颗比较大的蓝莓作为小熊的鼻子（如图7-2-6）；

图7-2-6

第七步：两颗稍微小一点的蓝莓当作小熊的眼睛（如图7-2-7）；

图7-2-7

第八步：水果小熊就完成了（如图7-2-8）。

图7-2-8

（三）适合场景：午餐时间、点心时间、自然教育主题活动、手工课等。

（四）食物拼盘欣赏

图7-2-9

图7-2-10

图7-2-11

图7-2-12

二、五谷贴画

五谷贴画又称粮食画，是我国一种非物质文化遗产，起源于唐代，盛行于清代，是中国五谷文化的艺术写照。

（一）制作五谷画的意义

第一，五谷画的装饰性和趣味性都比较强，能够激发儿童的制作兴趣。

第二，五谷画在排列粘贴的过程中，能够很好地锻炼儿童的精细动作能力和专注能力，五谷不同的形状和触感也能发展儿童的触觉。

第三，儿童在动手制作五谷画的过程中，能够通过探究活动培养儿童的科学素养和自主探究精神。

第四，五谷画也是一种很好的自然教育方式，让儿童能够认识粮食。

（二）制作五谷画需要的材料和工具：小麦粒、红豆、黑豆、绿豆、燕麦、米、高粱、玉米粒、黄小米、白乳胶、小夹子、厚卡纸（可用木板、竹编代替）、铅笔、颜料、颜料刷等。

（三）五谷画的制作方法：

第一步：在卡纸上用铅笔打好底稿；

第二步：根据底稿选择颜色相同的谷物，如果没有颜色相近的谷物可以选择其他的小装饰；

第三步：先从大面积的色块开始，涂上白乳胶，然后用小夹子一颗一颗地排列谷物（这个阶段需要足够的耐心，不要直接把谷物撒上去，会显得画面很乱）；

第四步：像小米、玉米碎等颗粒比较小的，可以直接撒上去，但注意别撒到底稿外面；

第五步：要注意的是，如果画面中有颜色相同的地方，建议使用另外一种颜色相近的谷物或者其他物品代替，层次感才会出来；

第六步：也可以使用颜料进行装饰和强调细节部分。

（四）五谷画制作示例——蝴蝶

1. 基本材料和工具：各种谷物（种类和颜色尽量丰富）、白乳胶、卡纸、铅笔、镊子。

2. 制作方法：

第一步：在白色卡纸上用铅笔画上蝴蝶造型的底稿（如图7-2-13）；

图7-2-13

第二步：从中间开始，给蝴蝶身体涂上白乳胶，接着用镊子一颗一颗并排粘上绿豆，注意不要重叠粘（如图7-2-14）；

图7-2-14

第三步：在蝴蝶翅膀内侧涂上白乳胶，并粘上绿豆或其他谷物（如图

7-2-15）；

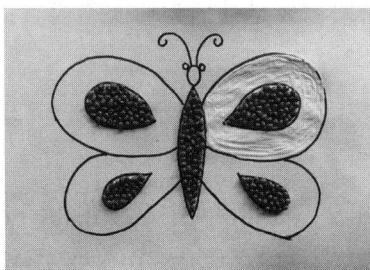

图7-2-15

第四步：在蝴蝶右上方、翅膀外侧圆圈内涂上白乳胶，并粘上另一种颜色鲜艳的谷物（如图7-2-16）；

图7-2-16

第五步：在蝴蝶右下方、翅膀外侧圆圈内涂上白乳胶，并粘上另一种谷物（如图7-2-17）；

图7-2-17

第六步：把剩下的翅膀也粘上谷物（如图7-2-18）；

图7-2-18

第七步：给蝴蝶头部抹上白乳胶，粘上谷物，并选择圆圆的谷物作为蝴蝶的眼睛并粘贴上去，漂亮的蝴蝶就完成了（如图7-2-19）。

图7-2-19

3. 适宜场景：手工课、环境创设、班级布置、区角布置、传统文化或丰收等主题活动。

（五）五谷画欣赏

图7-2-20

图7-2-21

图7-2-22

图7-2-23

图7-2-24

图7-2-25

第三节　特殊形状材料的重新利用

一、一次性纸杯的多种利用

（一）纸杯风铃

1. 基本材料和工具：三个不同颜色的纸杯、三个铃铛、木棍、麻绳、卡纸（或剪好的卡纸图形）、剪刀、黄色超轻黏土。

2．制作方法：

第一步：把纸杯沿如图7-3-1所示虚线裁剪成两半；

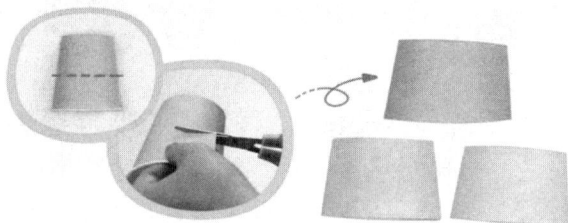

图7-3-1

第二步：如图7-3-2所示把纸杯沿着虚线裁剪；

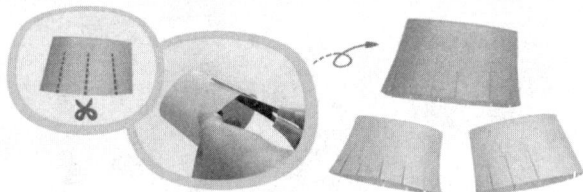

图7-3-2

第三步：在纸杯底部用剪刀开一个洞，并把麻绳穿过纸杯，用超轻黏土固定（如图7-3-3）；

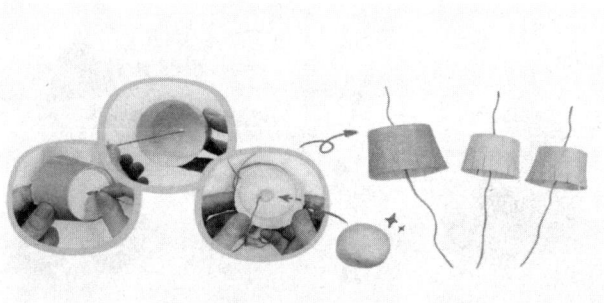

图7-3-3

第四步：在麻绳上穿上裁剪好的卡纸图形和铃铛（如图7-3-4）；

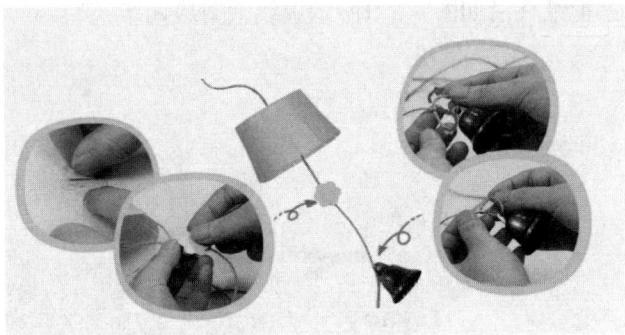

图7-3-4

第五步：将风铃上端的麻绳靠近中间位置绑在木棍上（如图7-3-5）；

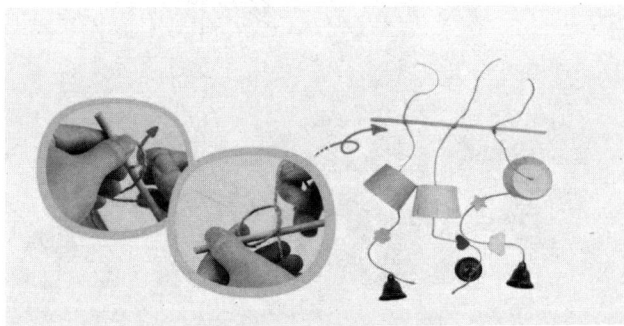

图7-3-5

第六步：将顶端的绳子绑在一起，剪掉多余的部分（如图7-3-6）；

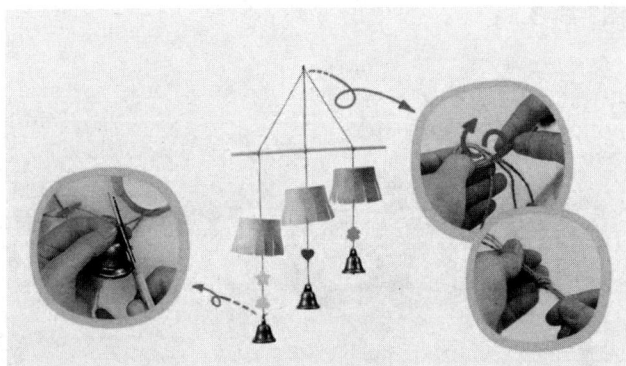

图7-3-6

第七步：风铃就做好了，可以挂起来了（如图7-3-7）。

图7-3-7

3．适宜场景：手工活动、环境创设、区角创设、班级布置等。

（二）纸杯熊猫

1．基本材料和工具：剪刀、固体胶棒、粉色马克笔、黑色马克笔、铅笔、眼睛贴（可用画的代替）、黑色卡纸、蓝色卡纸、白色一次性纸杯。

2．制作方法：

第一步：在黑色卡纸上画出熊猫身体部位的轮廓，用剪刀沿着轮廓剪下来（如图7-3-8）；

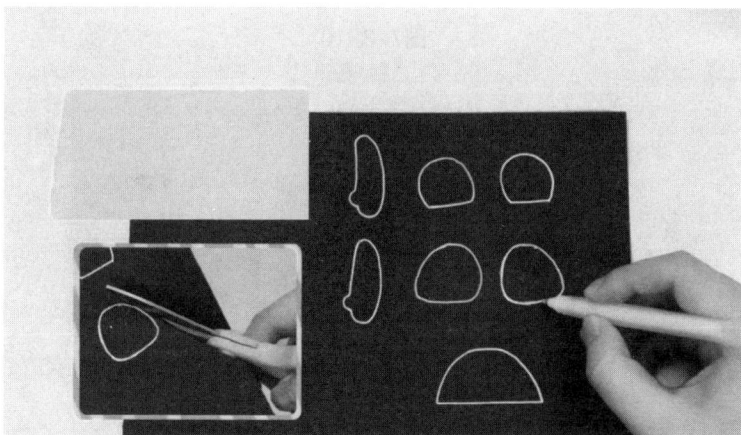

图7-3-8

第二步：在蓝色卡纸上画出领结，并用剪刀剪下来（如图7-3-9）；

图7-3-9

第三步：将熊猫所有的身体部位都粘贴到纸杯上（如图7-3-10、图7-3-11）；

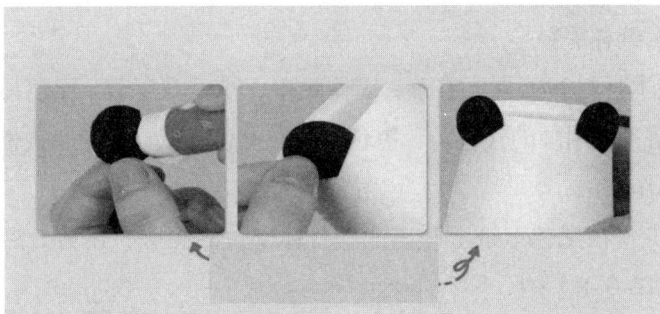

图7-3-10

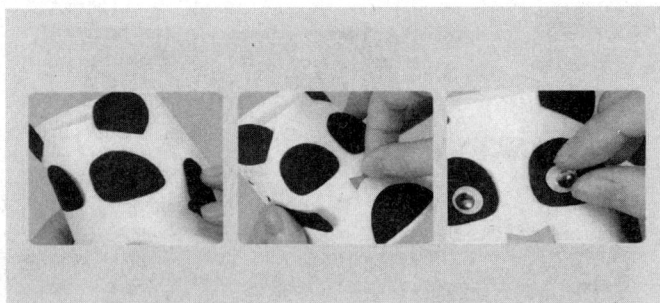

图7-3-11

第四步：用黑色的马克笔画出熊猫的鼻子和嘴巴，用粉色的马克笔画出腮红（如图7-3-12）；

图7-3-12

第五步：纸杯熊猫就完成啦（图7-3-13）。

图7-3-13

3．适宜场景：手工课、环境创设、主题活动等。

二、其他环保材料的利用

（一）瓶盖昆虫

1．基本材料和工具：彩纸、剪刀、瓶盖、超轻黏土、眼睛贴、双面胶、勾线笔。

2．制作方法：

第一步：制作昆虫的身体并粘上眼睛。

（1）用勾线笔在白色的纸上面沿着瓶盖画两个圆（如图7-3-14）；

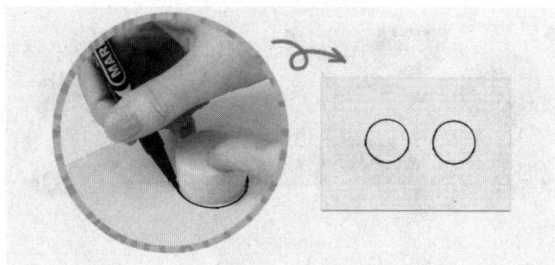

图7-3-14

（2）沿着圆形画出七星瓢虫（或其他昆虫）的形状（如图7-3-15）；

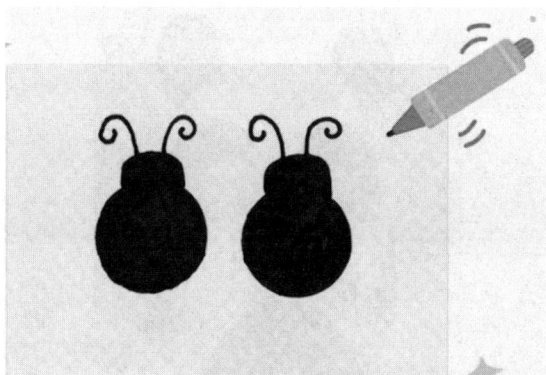

图7-3-15

（3）把眼睛贴粘贴上去（如图7-3-16）；

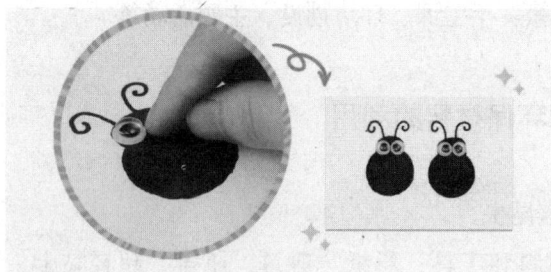

图7-3-16

第二步：制作昆虫的翅膀。

（1）用勾线笔在红色（其他颜色）的彩纸上沿着瓶盖画四个圆，并用剪刀裁剪下来（如图7-3-17）；

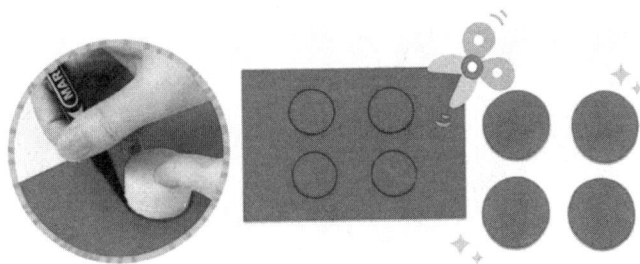

图7-3-17

（2）把四个圆形沿中轴线对折（如图7-3-18）；

图7-3-18

（3）在折好的圆上面画上昆虫的图案（如图7-3-19）；

图7-3-19

（4）把画好图案的圆形用双面胶粘到昆虫的身体上（如图7-3-20）；

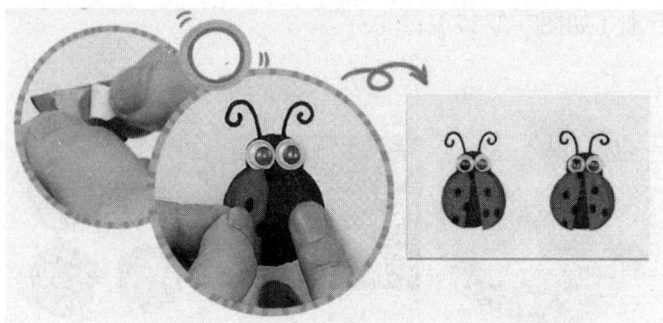

图7-3-20

（5）把贴好翅膀的昆虫裁剪下来（如图7-3-21）；

图7-3-21

第三步：把昆虫身体粘到瓶盖的两面。

（1）用超轻黏土把瓶盖填满（如图7-3-22）；

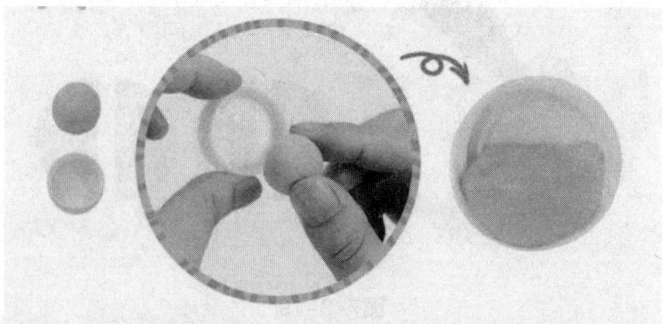

图7-3-22

（2）用双面胶把制作好的昆虫身体贴到瓶盖两面（如图7-3-23）。

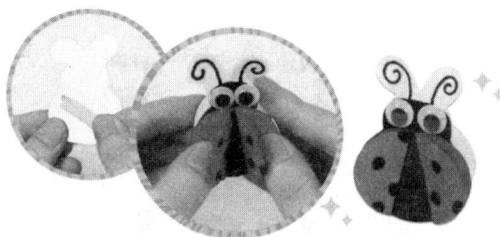

图7-3-23

3. 适宜场景：手工课、环境创设、班级布置、区角布置、认识昆虫等主题活动。

三、蛋盒毛毛虫

（一）基本材料和工具：鸡蛋托、扭扭棒、黑色马克笔、颜料刷、双面胶、调色盘、颜料、眼睛贴、剪刀。

（二）制作方法：

第一步：制作毛毛虫的腿和触角。

1. 把两根褐色的扭扭棒用剪刀剪成八小段（如图7-3-24）；

2. 在每根扭扭棒的四分之一处弯折出一个直角，作为毛毛虫的腿（如图7-3-25）；

3. 取一根扭扭棒，剪一截下来，在中间弯折出一个直角，再在扭扭棒两端弯折出毛毛虫的触角（如图7-3-26）；

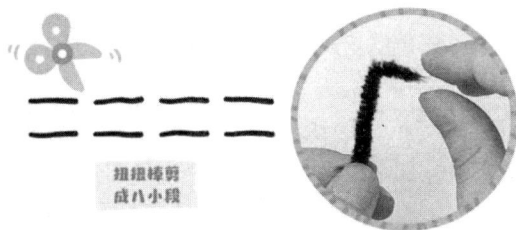

图7-3-24

图7-3-25

图7-3-26

第二步：制作毛毛虫的身体：

1. 把鸡蛋托逐个剪下来（如图7-3-27）；

2. 用颜料刷蘸取不同颜色的颜料装饰一下鸡蛋托（如图7-3-28、图7-3-29）；

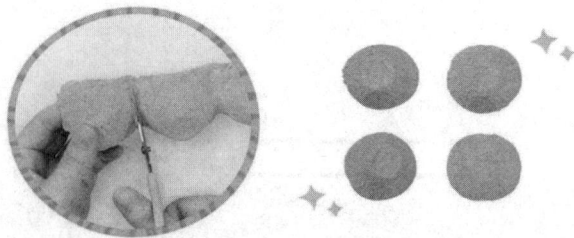

图7-3-27

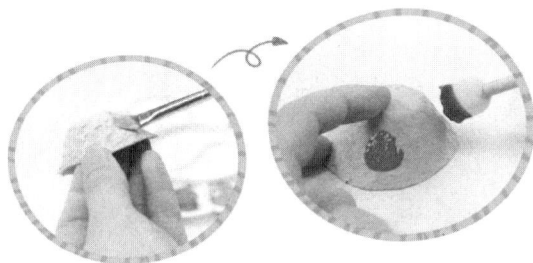

图7-3-28

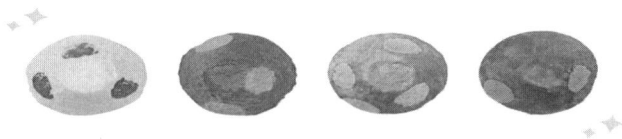

图7-3-29

第三步：连接毛毛虫的身体。

1. 把装饰好的鸡蛋托里面贴上双面胶（如图7-3-30）；

2. 取一根扭扭棒粘在双面胶上，就把鸡蛋托连在一起了（如图7-3-31）；

3. 把第一步做好的触角短的一端粘在鸡蛋托内（如图7-3-32）；

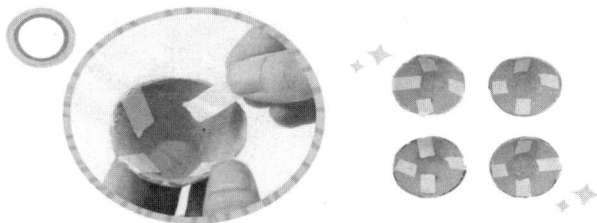

图7-3-30

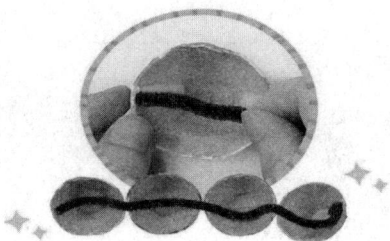

图7-3-31

图7-3-32

第四步：制作头部，并折叠毛毛虫的腿。

1. 把触角粘到毛毛虫的头顶（如图7-3-33）；

2. 把眼睛贴粘贴上，并用黑色的马克笔画上嘴巴（如图7-3-34）；

3. 弯折毛毛虫的腿（如图7-3-35）。

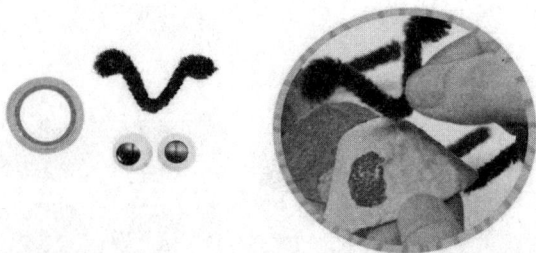

图7-3-33

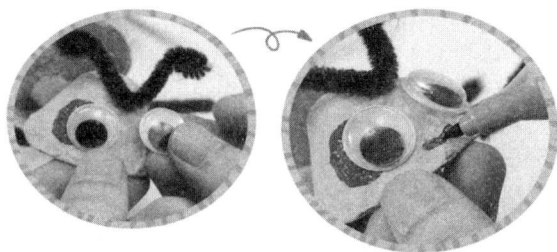

图7-3-34

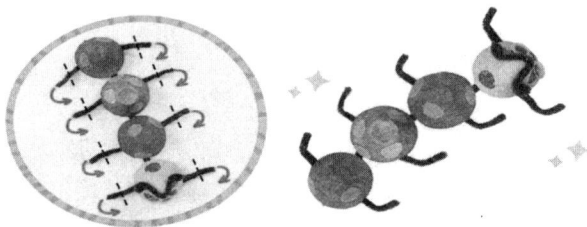

图7-3-35

第五步：毛毛虫就制作完成了（如图7-3-36）。

图7-3-36

（三）适宜场景：手工课、环境创设、班级布置、区角布置、认识昆虫等主题活动。

（四）蛋托作品欣赏

图7-3-37

图7-3-38

图7-3-39

图7-3-40

图7-3-41

图7-3-42

图7-3-43

图7-3-44

第四节 废旧纸盒的重新利用

废旧材料是我们日常生活中常见的一种材料，将废旧纸盒和玩教具以及环境创设结合起来，能够培养儿童的环保意识和低碳理念，在倡导绿色环保的今天，废物再利用显得尤为重要。变废为宝、资源合理化是净化生存环境、实现可持续发展的必由之路。利用废旧纸盒制作玩教具，在探索、尝试、操作的过程中，不仅能够培养儿童的动手能力和协调能力，而且还能通过材料的综合利用，激发儿童的想象力和创造力。

一、纸壳小狗

（一）基本材料和工具：白色和咖色纸壳、剪刀、水彩笔、铅笔、胶水。

（二）制作方法：

第一步：在白色纸壳上画出云状图形并裁剪下来（如图7-4-1）；

241

图7-4-1

第二步：根据白色云状纸壳的大小，在咖色纸壳上剪出小狗的身体部分（如图7-4-2）；

图7-4-2

第三步：分别用白色和咖色纸壳剪出小狗的眼睛、耳朵、嘴巴部分（如图7-4-3）；

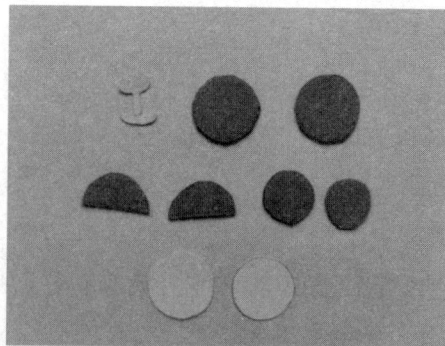

图7-4-3

第四步：将两个小圆形的表面撕开（如图7-4-4）；

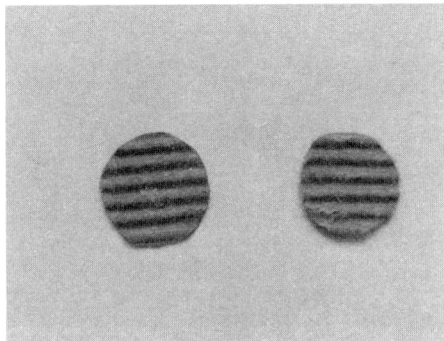

图7-4-4

第五步：将撕开后的小圆形粘贴在大圆形上（如图7-4-5）；

图7-4-5

第六步：将粘贴好的耳朵和小狗身体进行粘贴（如图7-4-6）；

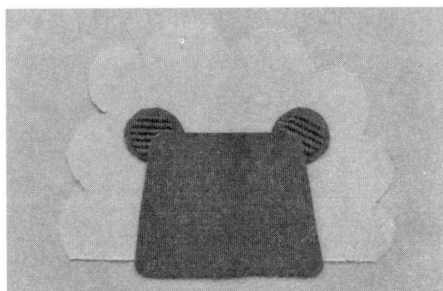

图7-4-6

第七步：将小狗的面部和身体部分进行粘贴（如图7-4-7）；

图7-4-7

第八步：用彩笔给小狗画上装饰，纸壳画完成了（如图7-4-8）。

图7-4-8

（三）适宜场景：手工课程、环境创设、班级布置等。

二、纸壳老虎

（一）基本材料和工具：咖色纸壳、白色纸壳、水彩笔、胶水、毛线或者麻绳、剪刀、硬卡纸。

（二）制作方法：

第一步：在纸壳上画出一个大圆并裁剪下来（如图7-4-9）；

图7-4-9

第二步：根据大圆的尺寸画出老虎的耳朵以及装饰并裁剪下来（如图7-4-10）；

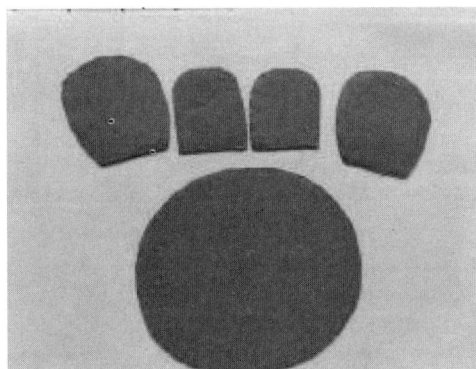

图7-4-10

第三步：将裁剪下来的耳朵用胶水黏合在一起（如图7-4-11）；

图7-4-11

第四步：分别在咖色的纸壳和白色的纸壳上画出鼻子的形状并裁剪下来，白色的比咖色的小（如图7-4-12）；

图7-4-12

第五步：将鼻子部分粘贴好，在纸壳上画出老虎的花纹并裁剪（如图7-4-13）；

图7-4-13

第六步：将花纹粘贴好，在纸壳上画出老虎的鼻子上部分并裁剪（如图7-4-14）；

图7-4-14

第七步：将鼻子上部分粘贴好，在纸壳上画出老虎的鼻尖和嘴巴并裁剪（如图7-4-15）；

图7-4-15

第八步：将鼻尖和嘴巴粘贴好，在纸壳上剪出四条矩形状（如图7-4-16）；

图7-4-16

第九步：将裁剪下来的矩形状粘贴在头部，并用黑色水彩笔给老虎的鼻子涂上颜色（如图7-4-17）；

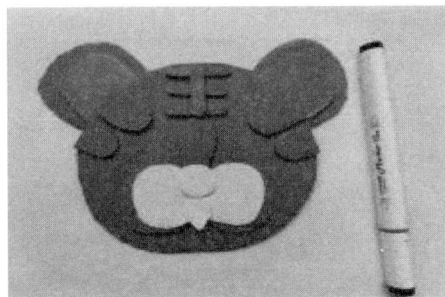

图7-4-17

第十步：准备胶水、毛线和两个圆形，将毛线缠绕在两个圆形上（如图7-4-18）；

图7-4-18

第十一步：用白色纸壳剪出两个圆粘贴在缠好线的圆形上（如图7-4-19）；

图7-4-19

第十二步：将老虎的眼睛画上装饰（如图7-4-20）；

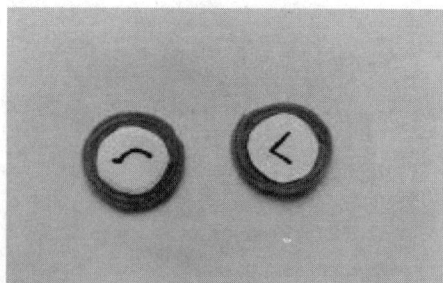

图7-4-20

第十三步：将画好的眼睛粘贴在老虎脸上（如图7-4-21）；

图7-4-21

第十四步：根据老虎头部的大小，用咖色的纸壳画出它的身体（如图7-4-22）；

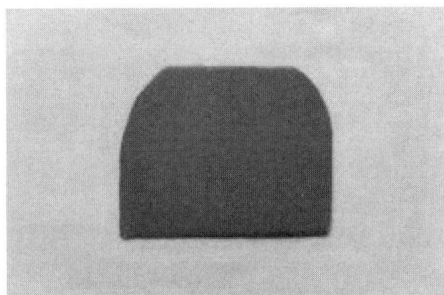

图7-4-22

第十五步：根据身体的大小画出老虎的手部进行裁剪并粘贴（如图7-4-23）；

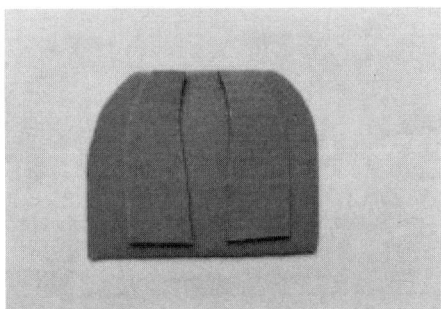

图7-4-23

第十六步：用纸壳画出老虎手部的花纹并裁剪、粘贴（如图7-4-24）；

图7-4-24

第十七步：用白色的纸壳画出身体部分的花纹进行裁剪、粘贴（如图7-4-25）；

图7-4-25

第十八步：分别在咖色和白色的卡纸上裁剪出小椭圆形，并粘贴在一起，用作老虎的爪子部分（如图7-4-26）；

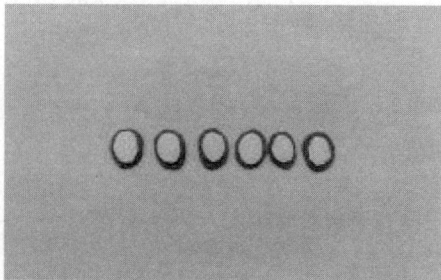

图7-4-26

第十九步：将粘贴好的椭圆形粘在身体部分（如图7-4-27）；

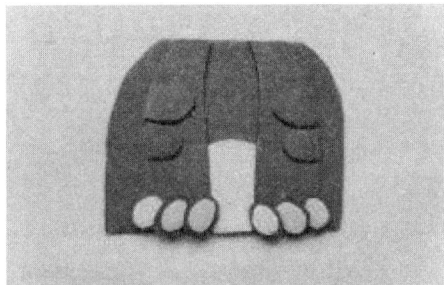

图7-4-27

第二十步：用笔给老虎的身体画上装饰（如图7-4-28）；

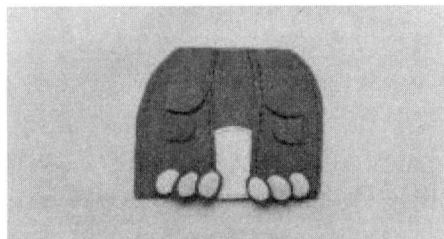

图7-4-28

第二十一步：将老虎的头部和身体部分粘贴在硬卡纸上（如图7-4-29）；

图7-4-29

第二十二步：给老虎画上装饰部分（如图7-4-30）；

图7-4-30

第二十三步：用线缠绕在白色矩形的卡纸上，当作老虎的胡须（如图7-4-31）；

图7-4-31

第二十四步：将缠好的胡须粘贴在老虎的面部，老虎纸壳画完成了（如图7-4-32）。

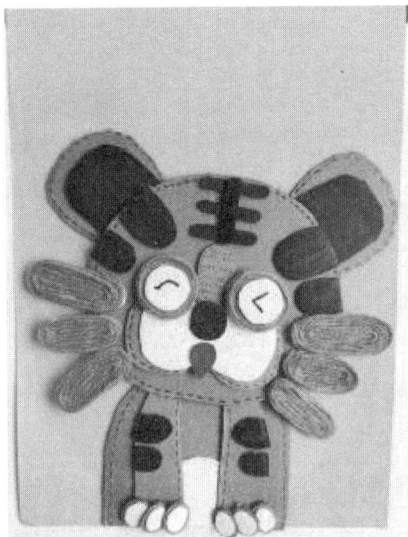

图7-4-32

（三）适宜场景：手工课、环境创设、区角布置、班级布置、主题活动等。

三、废旧纸盒玩教具作品欣赏

图7-4-33

图7-4-34

图7-4-35

图7-4-36

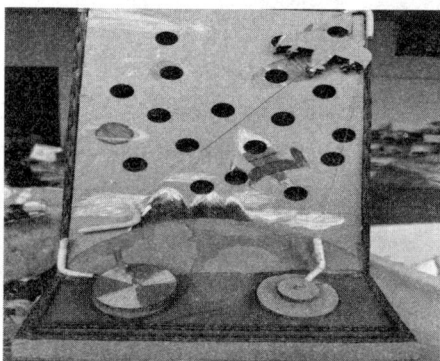

图7-4-37

图7-4-38

图7-4-39

第八章　融合幼儿园环境创设及特殊儿童玩教具的实际运用

第一节　融合幼儿园环境创设

马克思说："人创造了环境，同样环境也创造了人。"这种人与环境关系的唯物主义哲学观点表明：人根据自身的需要，通过实践改变了自然环境或社会环境。反过来，在新的环境中，人也会不可避免地发生相应的改变，体现了人与环境在实践基础之上的辩证统一的关系。

幼儿园物质环境不仅为幼儿身体这个实体的存在和活动提供了必需的物质空间，同时也具有潜在的"文化意蕴、审美意蕴、生活意蕴和生态意蕴"，兼有显性课程与隐性课程的双重作用和特点，是塑造幼儿人格和培养审美趣味、促进幼儿身心全面发展的最基本的物质保障。

一、融合幼儿园

融合幼儿园是一种特殊的教育机构，旨在为具有不同能力、文化和背景的儿童提供平等的学习和发展机会。这种教育机构的目标是通过将特殊需求儿童与其他普通儿童融合在同一环境中，促进所有儿童的发展和成长。

在融合幼儿园中，教师们需要根据每个儿童的独特需求制订个性化的学习计划，以确保每个儿童都能够获得适当的关注和支持。此外，教师还需要采用多样化的课程来满足不同儿童的学习需求，并使用各种教学方法来促进他们之间的互动。

对于家长来说，选择融合幼儿园时需要了解其师资力量、设施及资源是否齐全、辅助工具是否到位等方面。同时也需要认识到，在这种环境下，儿童们可能会面临挑战和困难，但是他们会在相互支持、鼓励和接纳中成长和发展。

二、幼儿园环境创设的理念

幼儿园环境作为幼儿社会化的重要场所，本身就具有重要的教育价值。

《幼儿园教育指导纲要（试行）》指出："环境是重要的教育资源，应通过环境的创设和利用，有效地促进幼儿的发展。"《幼儿园工作规程》（2016）也指出："幼儿园应将环境作为重要的教育资源。"

现有的研究分别从课程实践论、儿童文化、符号实践、生态学、美学等不同视角或理念出发来探讨幼儿园环境创设。综合已有研究即幼儿园发展现状、未来融合教育幼儿园发展目标，认为幼儿园环境创设应该遵循以下理念：

1. 幼儿园环境创设要实现"文化内涵"与"教育意义"相融合。

中国有各种各样的传统节日、二十四节气、传统饮食文化、传统艺术、民间游戏等文化内容，通过不同主题环创，可以帮助幼儿了解我国的优秀传统文化和各地的风土人情，从小培养儿童的民族自豪感和文化自信。但在做主题环创的过程中，老师们一定要先深入了解我们的传统文化，结合班级环创的基本原则，从儿童的年龄特征出发，在色彩搭配、空间布局上统一把握，并让儿童参与进来。

2. 从美育的视角创设出审美的幼儿园环境。

从美育的视角创设出审美的幼儿园环境，不仅是幼儿审美需要的主观要求，而且也是进行幼儿美育的重要途径和有效手段。

美育既是个体全面发展的内在需求，也是社会发展进步的外在要求。2018年，全国教育大会重要指出，要全面加强和改进学校美育，坚持以美育人、以文化人，提高学生审美和人文素养。国务院办公厅在《关于全面加强和改进学校美育工作的意见》（2015）中指出："幼儿园美育要遵循幼儿身心发展规律，通过开展丰富多样的活动，培养幼儿拥有美好、善良的心灵，懂得珍惜美好事物，能用自己的方式去表现美、创造美，使幼儿快乐生活、健康成长。"

加强学前儿童的审美教育，促进儿童养成正确的审美观念，提升幼儿对美的感知力、鉴赏力、创作力和表达力，有助于幼儿形成健康完整的人格，美育已经成为个体全面发展和社会进步的共同要求。幼儿园环境是重要的美育场所，幼儿期是培养个体审美趣味和审美能力的关键期。

在美育视角下幼儿园环境创设的理念主要包括：

第一，审美化的环创理念。提高幼儿园环境的艺术性和审美性是幼儿利用环境进行审美活动的基本前提。无论是视觉的、听觉的，还是嗅觉的、触觉的和味觉的环境元素都尽量保证其具有美的特质。大到幼儿园建筑的外观设计、户外场所、种植养殖区、室内大厅、走廊过道，小到板凳桌椅、标签贴饰等，教师在进行环境创设时都要注意"质料美和形式美"。

第二，参与式的环创理念。操作性和体验性的有机融合是幼儿审美活动的最基本特征。这就决定了美育的开展不能够依靠单纯的知识讲解和灌输来实现，必须让幼儿参与活动，并且是自发的、充满创造激情地参与，才能在审美创造活动过程中实现美育，体现了审美方式从"静观美学"向"参与美学"转变的审美理念。

第三，大美育的环创理念。美育的生活化反映了美育的普遍性、广泛性和人文性，美育不再是传统意义上等同于艺术教育的"小美育"，而是走向生活的，包含了自然美、社会美和艺术美的"大美育"，反映了美育从"形式美育"向"实质美育"的转变，即从强调感受美、欣赏美和创造美的能力培养到追求生活与审美相结合、促进人的全面发展为目的美育目标的转变。

第四，五育融合的环创理念。五育融合的环创理念体现了幼儿园的环境创设是在其他四育的实施过程中渐进生成的，体现了幼儿园环境创设的动态变化性和过程生成性。

3. 幼儿园环境的核心是儿童，要求以"儿童视角"进行环境创设。

幼儿园环境不仅是儿童生活的空间，更是儿童学习的空间。幼儿园环境的核心是儿童，幼儿园的教育理念和教育行为以及儿童的生活状态也会通过幼儿园的环境体现出来。"儿童视角"下的幼儿园环境创设是指，教育者在幼儿园环境创设中不仅要积极主动地关注儿童的感受，而且更要关注儿童对幼儿园环境的看法。

4. 要把环境和生态教育相结合。

学会"与自然对话"是幼儿重要的学习方式。生态教育的环境是指能够亲近自然，并在其中自主探索、自由操作的活动环境。幼儿园的环境创设中处处体现出自然本来的面目。在这里，儿童有很大的自主权，材料不拘泥于固定的内容，会随着学习主题的变换与当下自然与季节的变化，让儿童们展开创造。在创造中，他们讨论规则，学习遵守规则。一间教室对他们而言，既是身体的居所，也是心灵的安放之处。在中国，大部分幼儿园的建筑是封闭的，对内的敞开以及能够乐在其中的格局，能弱化这种不良影响，让儿童们更加亲近自然，接近真我。

三、幼儿园环境创设的实际运用

1. 通过班级环境创设提高儿童的参与感。

在环境创设过程中，无论是内容、材料的选择还是作品制作，教师都需要倾听和考虑儿童对于环境的想法、引导儿童积极参与、留给儿童自主创作和互动的空间、重视和不断完善儿童的创造性发挥。让儿童能够有机会按照自己的想法，去探索和呈现个性化的创造。环境创设应联结儿童的精神世界。儿童想法的本质是渴望和环境、他人建立起深度的联结，所以教师要重视幼儿环境创设的参与性、体验性以及与环境的互动性。

2. 班级环境要让儿童的学习看得见。

儿童在学习和发展的过程，也折射了老师的教育理念和课程意识等，班级环境的创设能够让儿童身临其境，促进幼儿多元化的感知和整体发展。

3. 环境创设要有趣，激发儿童自主探索的兴趣和能力。

老师通过捕捉儿童的兴趣点和近期的发展，去提供必要的材料支持，来促进儿童自主地探索以及与环境充分地互动。

4. 有序的环境。

环境创设要让儿童在丰富的环境中能够自觉地受到环境的提醒和制约，进行有序的活动，让儿童们置身于自由、自主、开放并且有序的环境和活动之中。如幼儿园一日生活流程，可以帮助幼儿了解每日安排，特别是融合教育幼儿园，可以根据随班特殊儿童的具体情况，进行结构化的环境设置，也可以巧用视觉提示，帮助特殊儿童了解幼儿园生活流程。

5. 环境创设必须是能够互动的，让儿童从中获得生活经验。

环境创设的有效性体现在幼儿园班级的空间、时间和资源的利用上，老师们要学会因地制宜，想方设法地从儿童的角度出发，去设计班级的空间，而不是从管理的角度来规划空间。

6. 环境创设应以儿童为中心，以游戏体验为主旋律。

从幼儿教育的五大领域：健康、语言、社会、科学、艺术要求来分析资源的价值，注重感知体验，注重幼儿的核心经验和关键能力的培养，在游戏活动中促进幼儿不同的水平发展。

四、幼儿园环境创设的主要内容

为了创设一个适合幼儿的学习环境，可以考虑以下几个方面：

1. 空间布局和装饰：布局应该简洁明了，易于幼儿理解。可以将房间划分为不同区域，如阅读区、玩耍区、学习区等。墙壁可以贴上色彩鲜艳的画作、儿童故事等，地面也可以使用具有安全性的材料。

2. 设备和玩具：应根据儿童们的年龄和兴趣提供丰富多样的设备和玩具，还需要注意安全性。例如，有吸引力的玩具会激励儿童们在探索中学习新知识。

3. 教育资源：可在教室内提供书籍、教育游戏等，培养幼儿的阅读兴趣。

4. 交流和互动：幼儿园必须建立一个鼓励儿童相互交流和互动的氛围。要为儿童提供丰富多样的社交机会，以促进他们之间的友谊。

5. 督导与管理：督导幼儿的行为，管理教育资源。确保幼儿可以在一个健康、安全和有益的环境中学习和成长。

第二节　特殊儿童玩教具的实际运用

一、关于特殊儿童玩教具的选用

（一）各种规格的球

1. 应用：锻炼特殊儿童大运动能力，上、下肢肌力，平衡反应和协调能力。

2. 注意事项：直径在8cm至25cm的比较合适，宜选择耐用的橡胶材质，充气的小皮球。原则上应为小孩或智力程度较差的儿童玩大球，年龄较大的儿童或智力较好的儿童玩小球。

（二）各类积木

1. 应用：锻炼精细运动，手眼协调能力，空间知觉，"数"的概念，颜色形状的认识，以及对大小、多少的感知练习。

2. 注意事项：积木块不能太小，以防儿童误食。要着色均匀，不脱色。

（三）各类图片

1. 应用：训练认知及分类配对能力。

2. 注意事项：图、字要鲜艳、醒目，易于辨认。

（四）穿孔珠子、绳

1. 应用：质地塑料或木头的均可，也可以用大算盘珠。训练精细运动，数的概念，加减法，对颜色的认识。

2. 注意事项：珠子不能太小，以防儿童误食。要着色均匀，不脱色。

（五）各类智力插件（块）

1. 应用：训练儿童对颜色、形状等基本概念的掌握以及手眼协调能力。

2. 注意事项：插件（块）不能太小，以防儿童误食。

（六）各类拼图

1. 应用：训练认知能力、精细运动、想象力。

2. 注意事项：玩具最好是塑料的，要结实、耐用。

（七）钟表

1. 应用：认知训练，认识时间。

2. 注意事项：为了辨认方便，表面应大些，并要有数字。

二、促进融合教育玩教具发展的建议

（一）丰富玩教具的种类，在融合教育的背景下，加大适合特殊儿童的玩教具配备。

（二）根据特殊儿童的障碍类型、程度及早期干预的八大领域，灵活配备和自制玩教具，加强玩教具的针对性。鼓励和支持教师使用、改造一些日常用品或普通的玩教具，科学设计合作型玩教具，以满足不同能力水平特殊儿童的发展需要。

（三）以特殊儿童为核心搭建多方合作平台，增加玩教具资源的流动性。玩具、训练教具、心理治疗设备等对于特殊儿童成长和发展有益的资源，都应该被充分利用。

（四）突出特殊儿童社会性发展目标，重视玩教具的合作性和时代性。通常的合作型玩具不能满足特殊儿童与普通儿童的需要，幼儿教师或玩具设计者需要根据儿童的特点开发和改造玩具，使其符合融合教育的需要。

（五）尽快建立特殊儿童玩具评估体系，提高玩教具的科学性。制定合理的特殊儿童玩教具评价体系，在特殊儿童玩教具配备时多考虑本园特殊儿童的类型，为科学选择适合的玩教具提供依据。注意到每个儿童都是独特的，所以应定期评估和更新幼儿园环境，以适应儿童们不断变化的需求。

三、特殊儿童玩教具欣赏

（一）适合特殊儿童的商品玩教具

1. 盲文数字（字母）（如图8-2-1，图8-2-2）

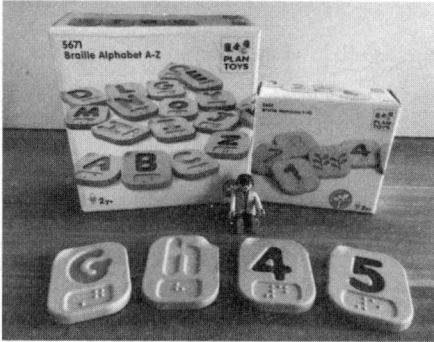

图8-2-1   图8-2-2

（1）适合对象：视力障碍儿童。

（2）介绍：盲文积木的反面，还有不同数量的树叶来体现数字的含义。

2. 手语数字（字母）（如图8-2-3，图8-2-4，图8-2-5）

图8-2-3

图8-2-4

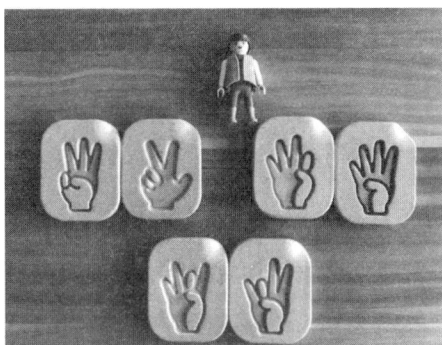

图8-2-5

（1）适合对象：听力障碍儿童。

（2）介绍：手语的反面是数字和字母，帮助儿童更好地理解手语表达。

3．"Friendly Free-weight"摇铃（如图8-2-6，图8-2-7，图8-2-8）

图8-2-6

图8-2-7

图8-2-8

（1）适合对象：脑瘫儿童。

（2）介绍：此款摇铃与普通摇铃不同之处，在于它的手持部位有个绑带，可以把玩具绑在手腕上，这样即使儿童没有任何抓握能力，也可以玩。两端的布偶里有BB器和摇铃设计，也是为了刺激脑瘫儿童的感官，让"反应迟钝'及'叫名无反应"的儿童能够注意到并尝试这个玩具。

4．情绪认知玩具——"my mood"（如图8-2-9）

图8-2-9

（1）适合对象：孤独症儿童。

（2）介绍：孤独症儿童因为自身的缺陷，在情绪识别和表达上存在困难，所以孤独症儿童无法理解"高兴""愤怒""伤心""恐惧"和"生气"等情绪，更不会合理地表达自身的情绪。孤独症儿童的家长及老师，需要花费许多精力教孤独症儿童去理解、识别他人的面部表情，让他们能用语言或者有关的图片文字来表达自己的情绪。"my mood"玩具可以通过转动木盘，切换不同表情。

5．Guidecraft情绪磁力人偶（如图8-2-10）

（1）适合对象：孤独症儿童。

（2）介绍：认识情绪。

图8-2-10

（二）手工自制特殊儿童玩教具欣赏

1. 时钟（如图8-2-11，图8-2-12，图8-2-13）

图8-2-11

图8-2-12

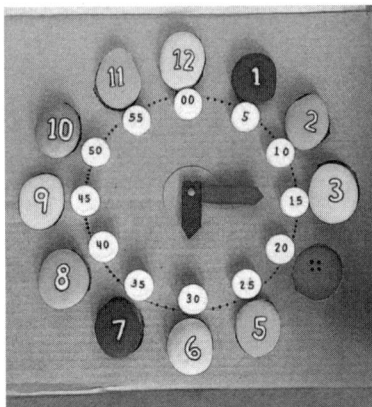

图8-2-13

（1）适合对象：轻度智力障碍儿童。

（2）玩教具介绍：时钟横截面是圆形，颜色鲜艳丰富，且不失童趣，钟面上写了数字，代表了不同的时间，还有可以自行转动的时针和分针。教师可以配合ppt教授轻度智力障碍且时间概念不清的幼儿明白简单的时间概念。

2. 一起钻空子（如图8-2-14，图8-2-15，图8-2-16）

图8-2-14

图8-2-15

图8-2-16

（1）适合对象：脑瘫儿童及所有需要训练手眼协调能力的儿童。

（2）玩教具介绍：该玩教具通过颜色鲜艳的小球和生动的卡通动漫形象吸引儿童，儿童在晃动盒子的过程中让小鸡吃到盒子里的小球。这种有趣的形式既提升了游戏趣味，又锻炼了儿童的手眼协调能力。

3. 形状对对碰（如图8-2-17，图8-2-18，图8-2-19，图8-2-20）

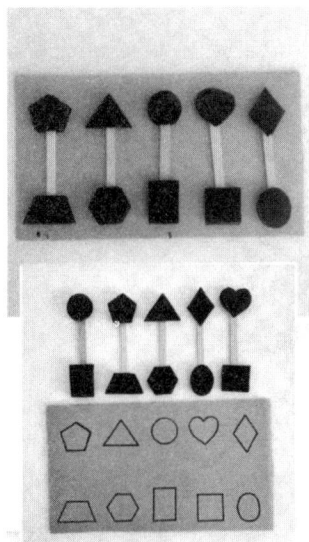

图8-2-17

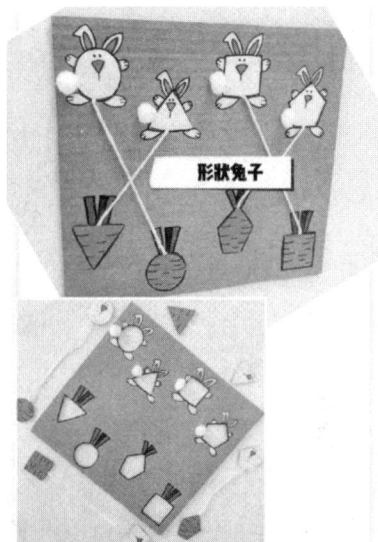

图8-2-18

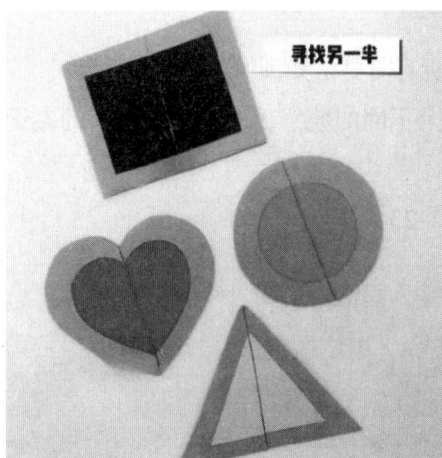

图8-2-19

图8-2-20

（1）适合对象：智力障碍儿童及所有需要认知训练的低龄儿童。

（2）玩教具介绍：通过形状配对，可以学习几何图形，也可以训练儿童的专注力、逻辑推理能力和手眼协调能力。

4．点数配对（如图8-2-21）

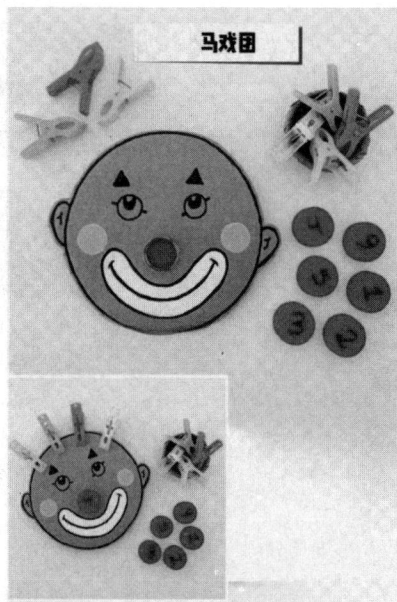

图8-2-21

（1）适合对象：智力障碍儿童及所有需要认知训练的低龄儿童。

（2）玩教具介绍：通过给鼻子贴上不同的数字，对应上方不同的夹子数量，训练儿童点数配对的能力。

5．颜色配对（如图8-2-22，图8-2-23）

图8-2-22

图8-2-23

（1）适合对象：智力障碍儿童及所有需要认知训练的低龄儿童。

（2）玩教具介绍：通过在小怪兽肚子或小兔子的身体里放入色板，把不同颜色的积木放上去进行颜色配对。

6．物体功能配对（如图8-2-24，图8-2-25，图8-2-26）

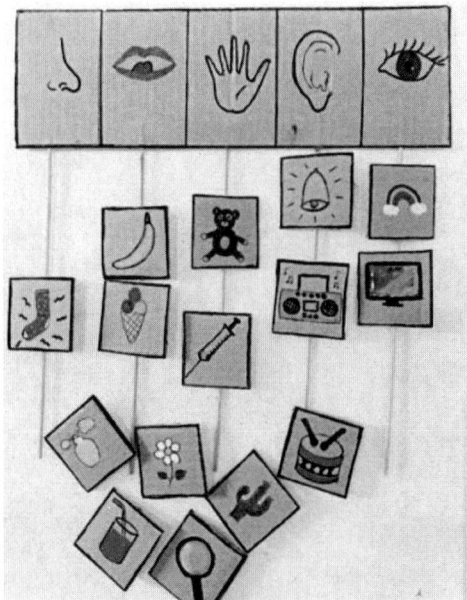

图8-2-24

图8-2-25 　　　　　　　　　　　　　　图8-2-26

（1）适合对象：智力障碍儿童及所有需要认知训练的低龄儿童。

（2）玩教具介绍：通过不同的卡片设计成拼图或贴图的样子，儿童可以进行功能配对。可以锻炼儿童对日常生活中常见物品的功能认知，还可以锻炼精细动作能力。

7. 购物清单（如图8-2-27）

图8-2-27

（1）适合对象：孤独症儿童及所有不识字的低龄儿童。

（2）玩教具介绍：把需要购买的物品，通过使用图片的方式呈现出来，让孤独症儿童能够发挥其视觉优势。

8．手部练习（如图8-2-28）

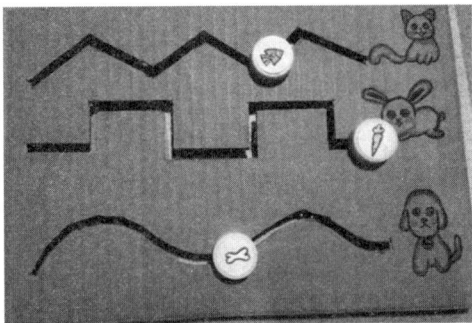

图8-2-28

（1）适合对象：脑瘫儿童。

（2）玩教具介绍：可以训练儿童的手部控制能力。

9．脸蛋贴贴乐（如图8-2-29）

图8-2-29

（1）适合对象：孤独症儿童及各类情绪理解有困难的儿童。

（2）玩教具介绍：通过粘贴各种表情五官，可以帮助儿童识别和理解情绪。

附录1：幼儿园教育指导纲要（试行）

第一部分　总　则

一、为贯彻《中华人民共和国教育法》《幼儿园管理条例》和《幼儿园工作规程》，指导幼儿园深入实施素质教育，特制定本纲要。

二、幼儿园教育是基础教育的重要组成部分，是我国学校教育和终身教育的奠基阶段。城乡各类幼儿园都应从实际出发，因地制宜地实施素质教育，为幼儿一生的发展打好基础。

三、幼儿园应与家庭、社区密切合作，与小学相互衔接，综合利用各种教育资源，共同为幼儿的发展创造良好的条件。

四、幼儿园应为幼儿提供健康、丰富的生活和活动环境，满足他们多方面发展的需要，使他们在快乐的童年生活中获得有益于身心发展的经验。

五、幼儿园教育应尊重幼儿的人格和权利，尊重幼儿身心发展的规律和学习特点，以游戏为基本活动，保教并重，关注个别差异，促进每个幼儿富有个性的发展。

第二部分　教育内容与要求

幼儿园的教育内容是全面的、启蒙性的，可以相对划分为健康、语言、社会、科学、艺术五个领域，也可作其他不同的划分。各领域的内容相互渗透，从不同的角度促进幼儿情感、态度、能力、知识、技能等方面的发展。

一、健康

（一）目标

1. 身体健康，在集体生活中情绪安定、愉快；

2. 生活、卫生习惯良好，有基本的生活自理能力；

3. 知道必要的安全保健常识，学习保护自己；

4. 喜欢参加体育活动，动作协调、灵活。

（二）内容与要求

1. 建立良好的师生、同伴关系，让幼儿在集体生活中感到温暖，心情愉快，形成安全感、信赖感。

2. 与家长配合，根据幼儿的需要建立科学的生活常规。培养幼儿良好的饮食、睡眠、盥洗、排泄等生活习惯和生活自理能力。

3. 教育幼儿爱清洁、讲卫生，注意保持个人和生活场所的整洁和卫生。

4. 密切结合幼儿的生活进行安全、营养和保健教育，提高幼儿的自我保护意识和能力。

5. 开展丰富多彩的户外游戏和体育活动，培养幼儿参加体育活动的兴趣和习惯，增强体质，提高对环境的适应能力。

6. 用幼儿感兴趣的方式发展基本动作，提高动作的协调性、灵活性。

7. 在体育活动中，培养幼儿坚强、勇敢、不怕困难的意志品质和主动、乐观、合作的态度。

（三）指导要点

1. 幼儿园必须把保护幼儿的生命和促进幼儿的健康放在工作的首位。树立正确的健康观念，在重视幼儿身体健康的同时，要高度重视幼儿的心理健康。

2. 既要高度重视和满足幼儿受保护、受照顾的需要，又要尊重和满足他们不断增长的独立要求，避免过度保护和包办代替，鼓励并指导幼儿自理、自立的尝试。

3. 健康领域的活动要充分尊重幼儿生长发育的规律，严禁以任何名义进行有损幼儿健康的比赛、表演或训练等。

4. 培养幼儿对体育活动的兴趣是幼儿园体育的重要目标，要根据幼儿的特点组织生动有趣、形式多样的体育活动，吸引幼儿主动参与。

二、语言

（一）目标

1. 乐意与人交谈，讲话礼貌；

2. 注意倾听对方讲话，能理解日常用语；

3. 能清楚地说出自己想说的事；

4. 喜欢听故事、看图书；

5. 能听懂和会说普通话。

（二）内容与要求

1. 创造一个自由、宽松的语言交往环境，支持、鼓励、吸引幼儿与教师、同伴或其他人交谈，体验语言交流的乐趣，学习使用适当的、礼貌的语言交往。

2. 养成幼儿注意倾听的习惯，发展语言理解能力。

3. 鼓励幼儿大胆、清楚地表达自己的想法和感受，尝试说明、描述简单的事物或过程，发展语言表达能力和思维能力。

4. 引导幼儿接触优秀的儿童文学作品，使之感受语言的丰富和优美，并通过多种活动帮助幼儿加深对作品的体验和理解。

5. 培养幼儿对生活中常见的简单标记和文字符号的兴趣。

6. 利用图书、绘画和其他多种方式，引发幼儿对书籍、阅读和书写的兴趣，培养前阅读和前书写技能。

7. 提供普通话的语言环境，帮助幼儿熟悉、听懂并学说普通话。少数民族地区还应帮助幼儿学习本民族语言。

（三）指导要点

1. 语言能力是在运用的过程中发展起来的，发展幼儿语言的关键是创设一个能使他们想说、敢说、喜欢说、有机会说并能得到积极应答的环境。

2. 幼儿语言的发展与其情感、经验、思维、社会交往能力等其他方面的发展密切相关，因此，发展幼儿语言的重要途径是通过互相渗透的各领域的教育，在丰富多彩的活动中去扩展幼儿的经验，提供促进语言发展的条件。

3．幼儿的语言学习具有个别化的特点，教师与幼儿的个别交流、幼儿之间的自由交谈等，对幼儿语言发展具有特殊意义。

4．对有语言障碍的儿童要给予特别关注，要与家长和有关方面密切配合，积极地帮助他们提高语言能力。

三、社会

（一）目标

1．能主动地参与各项活动，有自信心；

2．乐意与人交往，学习互助、合作和分享，有同情心；

3．理解并遵守日常生活中基本的社会行为规则；

4．能努力做好力所能及的事，不怕困难，有初步的责任感；

5．爱父母长辈、老师和同伴，爱集体、爱家乡、爱祖国。

（二）内容与要求

1．引导幼儿参加各种集体活动，体验与教师、同伴等共同生活的乐趣，帮助他们正确认识自己和他人，养成对他人、社会亲近合作的态度，学习初步的人际交往技能。

2．为每个幼儿提供表现自己长处和获得成功的机会，增强其自尊心和自信心。

3．提供自由活动的机会，支持幼儿自主地选择、计划活动，鼓励他们通过多方面的努力解决问题，不轻易放弃克服困难的尝试。

4．在共同的生活和活动中，以多种方式引导幼儿认识、体验并理解基本的社会行为规则，学习自律和尊重他人。

5．教育幼儿爱护玩具和其他物品，爱护公物和公共环境。

6．与家庭、社区合作，引导幼儿了解自己的亲人以及与自己生活有关的各行各业人们的劳动，培养其对劳动者的热爱和对劳动成果的尊重。

7．充分利用社会资源，引导幼儿实际感受祖国文化的丰富与优秀，感受家乡的变化和发展，激发幼儿爱家乡、爱祖国的情感。

8．适当向幼儿介绍我国各民族和世界其他国家、民族的文化，使其感知人类文化的多样性和差异性，培养理解、尊重、平等的态度。

（三）指导要点

1. 社会领域的教育具有潜移默化的特点。幼儿社会态度和社会情感的培养尤应渗透在多种活动和一日生活的各个环节之中，要创设一个能使幼儿感受到接纳、关爱和支持的良好环境，避免单一呆板的言语说教。

2. 幼儿与成人、同伴之间的共同生活、交往、探索、游戏等，是其社会学习的重要途径。应为幼儿提供人际间相互交往和共同活动的机会和条件，并加以指导。

3. 社会学习是一个漫长的积累过程，需要幼儿园、家庭和社会密切合作，协调一致，共同促进幼儿良好社会性品质的形成。

四、科学

（一）目标

1. 对周围的事物、现象感兴趣，有好奇心和求知欲；

2. 能运用各种感官，动手动脑，探究问题；

3. 能用适当的方式表达、交流探索的过程和结果；

4. 能从生活和游戏中感受事物的数量关系并体验到数学的重要和有趣；

5. 爱护动植物，关心周围环境，亲近大自然，珍惜自然资源，有初步的环保意识。

（二）内容与要求

1. 引导幼儿对身边常见事物和现象的特点、变化规律产生兴趣和探究的欲望。

2. 为幼儿的探究活动创造宽松的环境，让每个幼儿都有机会参与尝试，支持、鼓励他们大胆提出问题，发表不同意见，学会尊重别人的观点和经验。

3. 提供丰富的可操作的材料，为每个幼儿都能运用多种感官、多种方式进行探索提供活动的条件。

4. 通过引导幼儿积极参加小组讨论、探索等方式，培养幼儿合作学习的意识和能力，学习使用多种方式表现、交流、分享探索的过程和结果。

5. 引导幼儿对周围环境中的数、量、形、时间和空间等现象产生兴趣，建构初步的数概念，并学习用简单的数学方法解决生活和游戏中某些简单的问题。

6. 从生活或媒体中幼儿熟悉的科技成果入手，引导幼儿感受科学技术对生活的影响，培养他们对科学的兴趣和对科学家的崇敬。

7. 在幼儿生活经验的基础上，帮助幼儿了解自然、环境与人类生活的关系。从身边的小事入手，培养初步的环保意识和行为。

（三）指导要点

1. 幼儿的科学教育是科学启蒙教育，重在激发幼儿的认识兴趣和探究欲望。

2. 要尽量创造条件让幼儿实际参加探究活动，使他们感受科学探究的过程和方法，体验发现的乐趣。

3. 科学教育应密切联系幼儿的实际生活进行，利用身边的事物与现象作为科学探索的对象。

五、艺术

（一）目标

1. 能初步感受并喜爱环境、生活和艺术中的美；

2. 喜欢参加艺术活动，并能大胆地表现自己的情感和体验；

3. 能用自己喜欢的方式进行艺术表现活动。

（二）内容与要求

1. 引导幼儿接触周围环境和生活中美好的人、事、物，丰富他们的感性经验和审美情趣，激发他们表现美、创造美的情趣。

2. 在艺术活动中面向全体幼儿，要针对他们的不同特点和需要，让每个幼儿都得到美的熏陶和培养。对有艺术天赋的幼儿要注意发展他们的艺术潜能。

3. 提供自由表现的机会，鼓励幼儿用不同艺术形式大胆地表达自己的情感、理解和想象，尊重每个幼儿的想法和创造，肯定和接纳他们独特的审美感受和表现方式，分享他们创造的快乐。

4. 在支持、鼓励幼儿积极参加各种艺术活动并大胆表现的同时，帮助他们提高表现的技能和能力。

5．指导幼儿利用身边的物品或废旧材料制作玩具、手工艺品等来美化自己的生活或开展其他活动。

6．为幼儿创设展示自己作品的条件，引导幼儿相互交流、相互欣赏、共同提高。

（三）指导要点

1．艺术是实施美育的主要途径，应充分发挥艺术的情感教育功能，促进幼儿健全人格的形成。要避免仅仅重视表现技能或艺术活动的结果，而忽视幼儿在活动过程中的情感体验和态度的倾向。

2．幼儿的创作过程和作品是他们表达自己的认识和情感的重要方式，应支持幼儿富有个性和创造性的表达，克服过分强调技能技巧和标准化要求的偏向。

3．幼儿艺术活动的能力是在大胆表现的过程中逐渐发展起来的，教师的作用应主要在于激发幼儿感受美、表现美的情趣，丰富他们的审美经验，使之体验自由表达和创造的快乐。在此基础上，根据幼儿的发展状况和需要，对表现方式和技能技巧给予适时、适当的指导。

第三部分　组织与实施

一、幼儿园的教育是为所有在园幼儿的健康成长服务的，要为每一个儿童，包括有特殊需要的儿童提供积极的支持和帮助。

二、幼儿园的教育活动，是教师以多种形式有目的、有计划地引导幼儿生动、活泼、主动活动的教育过程。

三、教育活动的组织与实施过程是教师创造性地开展工作的过程。教师要根据本《纲要》，从本地、本园的条件出发，结合本班幼儿的实际情况，制订切实可行的工作计划并灵活地执行。

四、教育活动目标要以《幼儿园工作规程》和本《纲要》所提出的各领域目标为指导，结合本班幼儿的发展水平、经验和需要来确定。

五、教育活动内容的选择应遵照本《纲要》第二部分的有关条款进行，同时体现以下原则：

（一）既适合幼儿的现有水平，又有一定的挑战性。

（二）既符合幼儿的现实需要，又有利于其长远发展。

（三）既贴近幼儿的生活来选择幼儿感兴趣的事物和问题，又有助于拓展幼儿的经验和视野。

六、教育活动内容的组织应充分考虑幼儿的学习特点和认识规律，各领域的内容要有机联系，相互渗透，注重综合性、趣味性、活动性，寓教育于生活、游戏之中。

七、教育活动的组织形式应根据需要合理安排，因时、因地、因内容、因材料灵活地运用。

八、环境是重要的教育资源，应通过环境的创设和利用，有效地促进幼儿的发展。

（一）幼儿园的空间、设施、活动材料和常规要求等应有利于引发、支持幼儿的游戏和各种探索活动，有利于引发、支持幼儿与周围环境之间积极的相互作用。

（二）幼儿同伴群体及幼儿园教师集体是宝贵的教育资源，应充分发挥这一资源的作用。

（三）教师的态度和管理方式应有助于形成安全、温馨的心理环境；言行举止应成为幼儿学习的良好榜样。

（四）家庭是幼儿园重要的合作伙伴。应本着尊重、平等、合作的原则，争取家长的理解、支持和主动参与，并积极支持、帮助家长提高教育能力。

（五）充分利用自然环境和社区的教育资源，扩展幼儿生活和学习的空间。幼儿园同时应为社区的早期教育提供服务。

九、科学、合理地安排和组织一日生活。

（一）时间安排应有相对的稳定性与灵活性，既有利于形成秩序，又能满足幼儿的合理需要，照顾到个体差异。

（二）教师直接指导的活动和间接指导的活动相结合，保证幼儿每天有适当的自主选择和自由活动时间。教师直接指导的集体活动要能保证幼儿的积极参与，避免时间的隐性浪费。

（三）尽量减少不必要的集体行动和过渡环节，减少和消除消极等待现象。

（四）建立良好的常规，避免不必要的管理行为，逐步引导幼儿学习自我管理。

十、教师应成为幼儿学习活动的支持者、合作者、引导者。

（一）以关怀、接纳、尊重的态度与幼儿交往。耐心倾听，努力理解幼儿的想法与感受，支持、鼓励他们大胆探索与表达。

（二）善于发现幼儿感兴趣的事物、游戏和偶发事件中所隐含的教育价值，把握时机，积极引导。

（三）关注幼儿在活动中的表现和反应，敏感地察觉他们的需要，及时以适当的方式应答，形成合作探究式的师生互动。

（四）尊重幼儿在发展水平、能力、经验、学习方式等方面的个体差异，因材施教，努力使每一个幼儿都能获得满足和成功。

（五）关注幼儿的特殊需要，包括各种发展潜能和不同发展障碍，与家庭密切配合，共同促进幼儿健康成长。

十一、幼儿园教育要与0—3岁儿童的保育教育以及小学教育相互衔接。

第四部分　教育评价

一、教育评价是幼儿园教育工作的重要组成部分，是了解教育的适宜性、有效性，调整和改进工作，促进每一个幼儿发展，提高教育质量的必要手段。

二、管理人员、教师、幼儿及其家长均是幼儿园教育评价工作的参与者。评价过程是各方共同参与、相互支持与合作的过程。

三、评价的过程，是教师运用专业知识审视教育实践，发现、分析、研究、解决问题的过程，也是其自我成长的重要途径。

四、幼儿园教育工作评价实行以教师自评为主，园长以及有关管理人员、其他教师和家长等参与评价的制度。

五、评价应自然地伴随着整个教育过程进行。综合采用观察、谈话、作品分析等多种方法。

六、幼儿的行为表现和发展变化具有重要的评价意义，教师应视之为重要的评价信息和改进工作的依据。

七、教育工作评价宜重点考察以下方面：

（一）教育计划和教育活动的目标是否建立在了解本班幼儿现状的基础上。

（二）教育的内容、方式、策略、环境条件是否能调动幼儿学习的积极性。

（三）教育过程是否能为幼儿提供有益的学习经验，并符合其发展需要。

（四）教育内容、要求能否兼顾群体需要和个体差异，使每个幼儿都能得到发展，都有成功感。

（五）教师的指导是否有利于幼儿主动、有效地学习。

八、对幼儿发展状况的评估，要注意：

（一）明确评价的目的是了解幼儿的发展需要，以便提供更加适宜的帮助和指导。

（二）全面了解幼儿的发展状况，防止片面性，尤其要避免只重知识和技能，忽略情感、社会性和实际能力的倾向。

（三）在日常活动与教育教学过程中采用自然的方法进行。平时观察所获的具有典型意义的幼儿行为表现和所积累的各种作品等，是评价的重要依据。

（四）承认和关注幼儿的个体差异，避免用统一的标准评价不同的幼儿，在幼儿面前慎用横向比较。

（五）以发展的眼光看待幼儿，既要了解现有水平，更要关注其发展的速度、特点和倾向等。

附录2：素材线稿

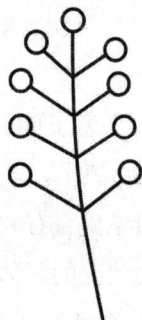

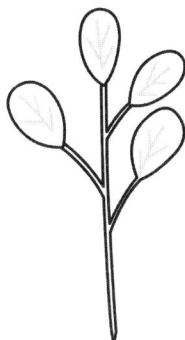

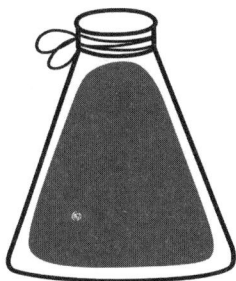

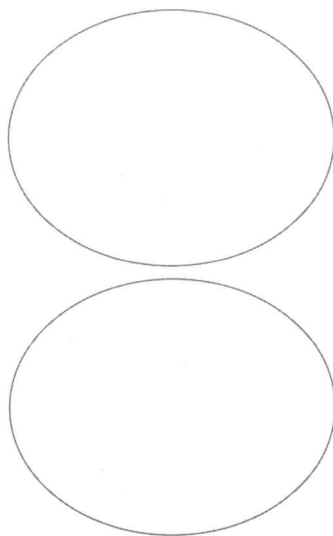

附录3：不织布手偶图纸

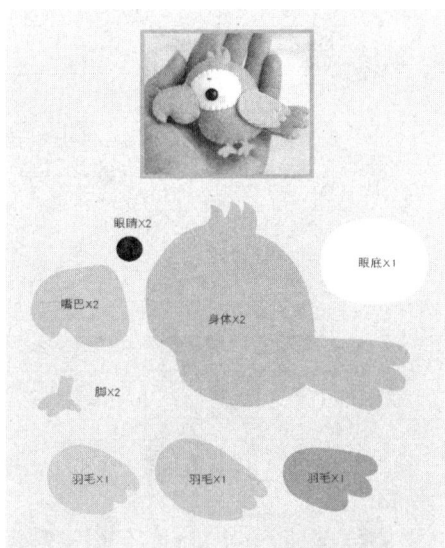

眼睛×2　身体×2　眼底×1
嘴巴×2　脚×2　羽毛×1　羽毛×1　羽毛×1

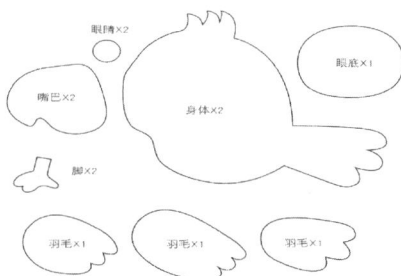

眼睛×2　身体×2　眼底×1
嘴巴×2　脚×2　羽毛×1　羽毛×1　羽毛×1

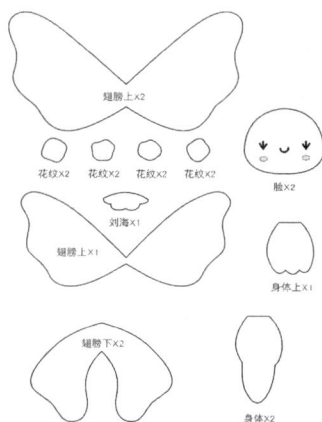

翅膀上×2
花纹×2　花纹×2　花纹×2　花纹×2　脸×2
刘海×1
翅膀上×1　身体上×1
翅膀下×2　身体×2

287

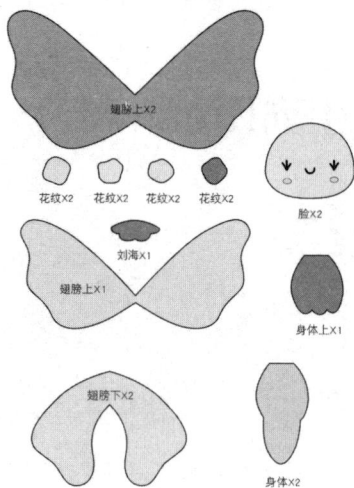

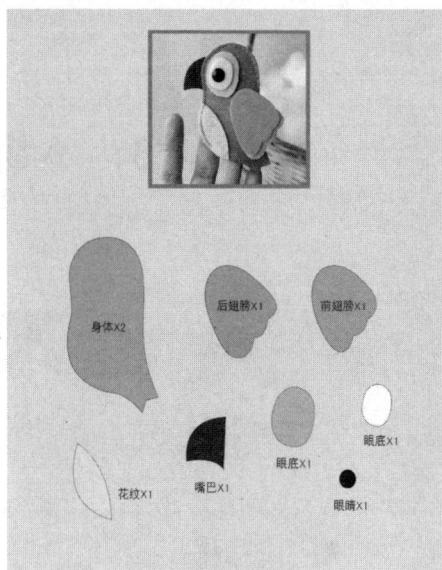

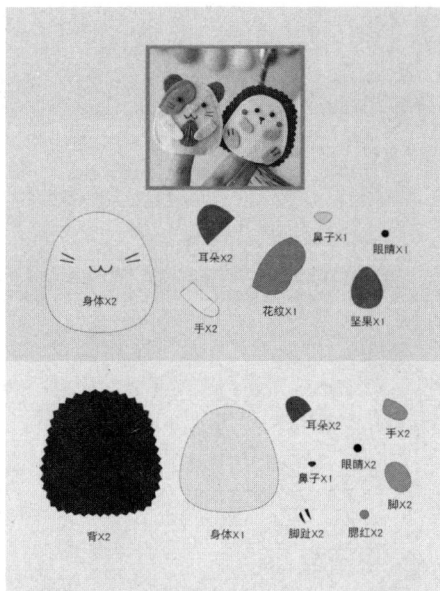

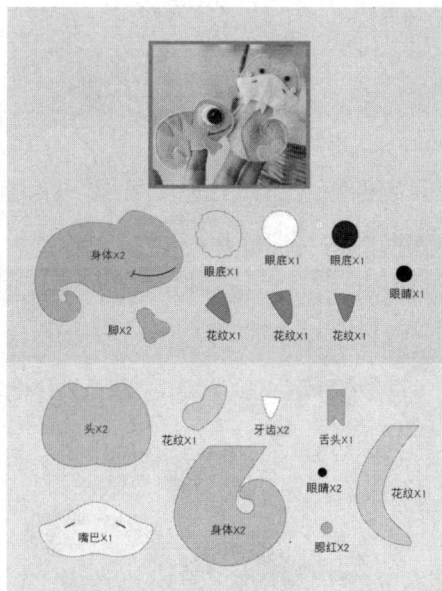

参考文献

［1］郭力平，谢萌. 幼儿园玩教具配备、设计与应用［M］北京：中国轻工业出版社，2020.

［2］要红霞. 怎样学剪纸［M］. 北京：金盾出版社，2004.

［3］吕胜中. 中国民间剪纸［M］. 长沙：湖南美术出版社，1994.

［4］边霞. 幼儿园美术教育与活动设计［M］. 北京：高等教育出版社，2009.

［5］王珠珍，陈耀明. 综合材料的艺术表现［M］. 上海：上海大学出版社，2005.

［6］教育部教学仪器研究所，中华全国妇女联合会儿童工作部. 幼儿园教育活动参考资料：全国幼儿园优秀自制玩教具选编［M］. 北京：人民出版社，2012.

［7］李季湄，冯晓霞. 《3—6岁儿童学习与发展指南》解读［M］. 北京：人民教育出版社，2013.

［8］李金娜，赵霞. 学前儿童玩教具制作［M］. 2版. 北京：科学出版社，2012.

［9］崔庆华. 学前儿童玩教具设计与制作［M］. 武汉：华中科技大学出版社，2014.

［10］陈鹤琴，陈秀云，柯小卫. 儿童游戏与玩具［M］. 南京：南京师范大学出版社，2013.

［11］南楠. 玩教具制作［M］. 西安：西北大学出版社，2016.

［12］杨三军，苏春. 学前儿童玩教具设计与制作［M］. 北京：教育科学出版社，2014.

［13］Orbanes P. Everything I Know about Business I Learned from

Monopoly〔J〕. Harvard Business Review，2002，80.

〔14〕Bronson M. B. The Right Stuff for Children Birth to Eight：Selecting Play Materials to Support Development〔M〕. National Association for the Education，1995.

〔15〕《幼儿园活动区丛书》编写组. 智力活动区的设计与应用〔M〕. 南京：南京师范大学出版社，2009.

〔16〕《幼儿园活动区丛书》编写组. 角色活动区的设计与应用〔M〕. 南京：南京师范大学出版社，2009.

〔17〕《幼儿园活动区丛书》编写组. 建构活动区的设计与应用〔M〕. 南京：南京师范大学出版社，2009.

〔18〕杨枫. 幼儿园教育环境创设与玩教具制作〔M〕. 2版. 北京：高等教育出版社，2013.

〔19〕韩麦娇. 基于感觉统合训练原理的智力障碍儿童玩教具设计研究〔D〕. 山东工艺美术学院，2023.

〔20〕王萌. 蒙台梭利教具应用于智障生数学教学实践研究〔D〕. 广西师范大学，2021.

〔21〕李佳芯. 扁平化图形设计原理在自闭症儿童辅助康复教具设计中的应用研究〔D〕. 江苏大学，2021.